Susanna Berndt

**Digitale Welt** für Einsteiger

# Onlinebanking

# Inhaltsverzeichnis

**10**

Die alte TAN-Liste auf Papier hat ausgedient. Alle neuen elektronischen TAN-Verfahren auf einen Blick.

**37**

So finden Sie das Onlinekonto, das am besten zu Ihren Bedürfnissen passt.

**108**

Sichere Passwörter auf Knopfdruck – so geht's!

# Onlinebanking – ein Überblick

Sie informieren sich täglich im Internet, vergleichen Preise, schreiben E-Mails und kaufen online ein – aber Ihre Geldgeschäfte tätigen Sie doch lieber über die Filiale Ihrer Hausbank? Dabei bieten Onlinebanking und Co. viele Vorteile. Lesen Sie, wie der Umstieg ohne großen Aufwand gelingt und Sie eventuelle Risiken durch einfache Maßnahmen auf ein Minimum reduzieren können.

# Vorteile digitaler Geldgeschäfte

**Oft halten Sicherheitsbedenken** die Bankkunden von einer Freischaltung ihres Kontos zum Onlinebanking ab. Manchmal spielen auch die Gewohnheit oder das angenehme Gefühl, in der Filiale mit einem Lächeln persönlich begrüßt zu werden, eine Rolle.

Trotzdem lässt sich nicht leugnen, dass immer mehr Banken und Sparkassen ihre Filialen schließen. Laut Bundesbank verringerte sich die Zahl der inländischen Zweigstellen im Jahr 2018 um 7,4 Prozent; damit wurden 2 239 Bankfilialen geschlossen, darunter 500 Zweigstellen der Genossenschaftsbanken und 442 im Sparkassenbereich, Landesbanken eingeschlossen.

Nicht nur wegen der eventuell weiter unter null fallenden Zinsen, die Banken und Sparkassen bei der Europäischen Zentralbank (EZB) für ihre geparkten Gelder entrichten müssen, setzt

sich der Trend zur Filialschließung fort. Einen Beitrag leisten auch Privatkunden, die ihre Bankgeschäfte vermehrt online tätigen. Für Sie stellt sich nun die Frage: Welche Vorteile bietet es mir, auf das Onlinebanking umzusteigen?

## Komfort

Manchmal stapeln sich Rechnungen in kürzester Zeit: die Klassenfahrt des Sohnes, die Studienreise der Tochter, der Strafzettel für falsches Parken. Anstatt die Überweisungsvorlagen auszufüllen und in der Filiale abzugeben beziehungsweise ins Postfach zu werfen, können Sie solche und viele andere Bankgeschäfte per Onlinebanking bequem von zu Hause aus tätigen. Und Ihre Kontoauszüge sammeln Sie künftig einfach als PDF-Dateien auf Ihrem Computer oder Smartphone.

Weiteren Komfort bietet die Möglichkeit, Einkäufe in Onlineshops unkompliziert über Onlinebezahldienste (siehe Kapitel 5, Seite 127) abzuwickeln. Auch Ihr Erspartes lässt sich über das Internet komfortabel digital anlegen (siehe Kapitel 6, Seite 134). Zwar erfordert die Eröffnung von Konten eine Personenidentifikation, doch ist diese bei vielen Banken und Sparkassen ebenso online möglich (siehe Kapitel 2, Seite 34).

Selbst der Wertpapierhandel stellt über Onlinebroker kein kompliziertes Unterfangen mehr dar (siehe Kapitel 7, Seite 154). Gewisse Vorkenntnisse und die Wahl eines seriösen Brokers sollten allerdings zu den Grundvoraussetzungen zählen.

→ **Personenidentifikation**

Die Identitätsfeststellung dient der Überprüfung der Zugehörigkeit von Personalien zu einer Person, also Name, Geburtsdatum und Wohnsitz. Sie ist aufgrund des Geldwäschegesetzes etwa bei der Eröffnung von Bankkonten zwingend vorgeschrieben. Als Privatperson weisen Sie sich per Personalausweis aus oder per Reisepass samt Meldebestätigung für den Wohnsitz.

### Kostenersparnis

In der Regel fördern Banken den Umstieg ihrer Kunden zum Online- oder Smartphone-Banking. Wer sein Girokonto online führt, bezahlt meist weniger oder gar keine Gebühren – ein steter Geldeingang vorausgesetzt. Je nach Anbieter können Sie nach der Freischaltung Ihres Kontos auch die kostenlose Banking-App nutzen.

Zudem lassen sich die Kontoauszüge über das Postfach abholen und als PDF auf dem Computer speichern. Die bei einigen Banken aufgerufenen Kosten für die Zusendung eines Ausdrucks entfallen somit.

Alternativ oder zusätzlich zur Freischaltung Ihres Girokontos haben Sie die Möglichkeit, ein reines Onlinekonto (siehe Kapitel 2, Seite 34) oder ein mobiles Girokonto (siehe Kapitel 3, Seite 66) zu eröffnen. In beiden Fällen ist die Kontoführung meist kostenfrei und Sie erhalten eine Bankkarte.

Eine Kostenersparnis erwartet Sie auch bei der Geldanlage. Über das Internet können Sie üblicherweise kostenfrei Tages- und Festgeldkonten eröffnen oder über ausgewählte Onlinebroker mit günstigen Gebühren in den Wertpapierhandel einsteigen.

### Unabhängigkeit

Vorausgesetzt, Sie haben alles Notwendige für die Anmeldung und Authentifizierung parat, macht Sie Online- oder Smartphone-Banking in gewissem Sinne unabhängig von Zeit und Ort.

Theoretisch können Sie mit Ihrem mobilen Gerät jederzeit und (fast) von jedem Ort aus auf Ihr Konto zugreifen. Allerdings erfolgt die Ausführung von Aufträgen wie beispielsweise Überweisungen üblicherweise nur an den Bankarbeitstagen und erst nach Aktualisierung der Daten. Je nach Bank findet diese eventuell über Nacht statt.

### Vielfalt

Wenn Sie sich das digitale Leistungsangebot der Banken ansehen, werden Sie feststellen, dass Onlinebanking weit mehr bietet, als eine Übersicht Ihrer Umsätze und die Veranlassung von Zahlungen. Verschiedene Funktionen erleichtern die Verwaltung Ihrer Finanzen. So können Sie ein digitales Haushaltsbuch führen, das Ihre Kontoumsätze automatisch einer Kategorie zuordnet und grafisch darstellt. Oder Sie weisen die Umsätze manuell einer gewünschten Kategorie zu. Auch lassen sich beispielsweise Daueraufträge einrichten, Drittbanken einbinden und Ihre Kontoauszüge über das elektronische Postfach filtern.

Hinzu kommt die Vielfalt der Banking-Apps, mit denen sich unter anderem Rechnungen scannen oder die Finanz- und Umsatzübersicht Ihrer Konten und Kreditkarten bei anderen Banken anzeigen lassen (siehe Kapitel 4, Seite 94).

### Sicherheit

Kreditinstitute treffen vielfältige Sicherheitsvorkehrungen für den Kundenschutz beim Onlinebanking. Zu den wichtigsten Sicherheitsmaßnahmen der Banken zählen:

► Eine spezielle Firewall
► Virenschutzprogramme
► Verschlüsselter Datenaustausch
► Transaktionsmonitoring
► Authentifizierung
► Autorisierung

Banken und Sparkassen schützen ihre Systeme mit einer eigenen Firewall und zusätzlichen Antivirenprogrammen. Um einen sicheren Datenaustausch zu gewährleisten, werden alle Nachrichten verschlüsselt.

Zusätzlich führen die meisten Kreditinstitute ein sogenanntes Transaktionsmonitoring durch. Diese Überwachung des Geldverkehrs dient im Grunde der Geldwäscheprävention. Doch kann ein Transaktionsmonitoring auch für Sie als Privatkunde vorteilhaft sein. Voraussetzung ist, dass Ihre Bank Sie über die Feststellung von Auffälligkeiten wie verdächtige Überweisungen oder ungewöhnliche Abbuchungen informiert.

Darüber hinaus werden alle Transaktionen, die den Zahlungsverkehr betreffen – es sei denn es handelt sich um Kleinstbeträge – im Rahmen der Autorisierung sogar jedes Mal über eine Zwei-Faktor-Authentifizierung abgesichert.

In der Regel erfolgt diese über eine dynamisch generierte Transaktionsnummer (TAN). Die TAN stellt eine Art Einmalpasswort dar und besteht üblicherweise aus sechs Ziffern. Bei Zahlungsaufträgen wird sie beispielsweise aus den Überweisungsdaten wie Kontonummer, Betrag und Datum erzeugt. Für ihre Erstellung bieten Kreditinstitute verschiedene Verfahren an. Vor allem jene mit externen Lesegeräten gelten als sehr sicher. Eine genaue Beschreibung der TAN-Verfahren und detaillierte Anleitungen finden Sie im ersten Kapitel unter „Onlinebanking-Verfahren", siehe Seite 10.

Dank der zahlreichen Sicherheitsvorkehrungen sind Kreditinstitute gut gegen Angriffe von außen geschützt. Um Ihr Konto vor dem Zugriff Dritter zu bewahren, muss jedoch auch Ihr PC ausreichend geschützt sein. Wie Sie dies tun und welche Vorsichtsmaßnahmen Sie berücksichtigen sollten, lesen Sie ab Seite 69.

### → Zwei-Faktor-Authentifizierung

Um auf Ihr Onlinekonto zuzugreifen, müssen Sie sich bei Ihrer Bank einloggen. Dies erfordert spätestens alle 90 Tage eine Zwei-Faktor-Authentifizierung (2FA), auch bekannt als starke Kundenauthentifizierung. Einige Banken verlangen eine solche für einen optimalen Sicherheitsschutz sogar bei jedem Login.

Von ein paar Ausnahmen abgesehen ist eine solche Authentifizierung zudem notwendig, um Bankgeschäfte wie Überweisungen und andere Bezahlvorgänge zu veranlassen.

Die Freigabe erfolgt nur, wenn Sie jeweils einen Faktor aus mindestens zwei der drei folgenden Kategorien gemeinsam einsetzen:

**Wissen:** Nur Sie selbst kennen die Zeichen und Zeichenfolge beispielsweise Ihres Passwortes oder Ihrer persönlichen Identifikationsnummer (PIN).

**Besitz:** Sie besitzen ein personalisierbares Objekt wie Girocard, Kreditkarte, TAN-Generator oder Smartphone, das nicht kopiert werden kann.

**Inhärenz:** Als nahezu fälschungssicher gilt ein Ihrem Körper innewohnendes (inhärentes) sogenanntes biometrisches Merkmal wie Gesicht, Fingerabdruck oder Augeniris.

# Onlinebanking: TAN-Verfahren

Sie möchten Ihr Konto für das Onlinebanking freischalten oder zu einem anderen Kontomodell, vielleicht sogar zu einem Konto bei einer anderen Bank, wechseln? Meist werden Sie bereits im Antrag gebeten, sich für eines der heute möglichen TAN-Verfahren zu entscheiden.

Die alten TAN-Listen auf Papier haben ausgedient. Seit dem 14. September 2019 gilt für alle europäischen Banken die zweite Zahlungsdiensterichtlinie (Payment Service Directive 2, kurz PSD2). Somit ist beispielsweise bei der Anmeldung zum Onlinebanking alle 90 Tage oder bei der Freigabe von Zahlungsaufträgen eine Zwei-Faktor-Authentifizierung erforderlich.

Jede Bank muss für das Onlinebanking einen sogenannten dynamischen Faktor anbieten, mit dem sich etwa dynamisch generierte Transaktionsnummern (TAN) erstellen lassen. Eine TAN benötigen

Sie beispielsweise, um sich beim Onlinebanking anzumelden oder Zahlungsaufträge zu bestätigen. Das klingt komplizierter, als es ist. Sie werden feststellen: Sobald Sie sich für ein Verfahren entschieden und es ausprobiert haben, ist es wesentlich komfortabler, als der Gang zur Filiale.

Finanztest stellte in seiner August-Ausgabe 2019 die sechs gängigsten Verfahren vor und testete ihre Sicherheit.

## ChipTAN

**Anderer Name:** Smart-TAN

**Das brauchen Sie:** Einen TAN-Generator mit Tastatur, Anzeige und Kartenschlitz für Ihre Girocard. TAN-Generatoren gibt es bei Ihrer Bank oder bei den einschlägigen Elektronikhändlern online und in der Filiale. Das Lesegerät müssen Sie einmalig mit Ihrem Konto synchronisieren.

**So geht es:** Stecken Sie Ihre Girocard in den Generator. Nachdem Sie die Überweisungsdaten an Ihrem PC eingegeben haben, dann erscheint eine Grafik. Auf dem Markt sind drei verschiedene Varianten erhältlich.

► **Flickercode:** Eine animierte Grafik aus schwarz-weißen Balken, ähnlich einem Strichcode

► **Farbige Grafik:** Ein quadratisches Standbild aus farbigen roten und grünen Punkten (siehe „Photo-TAN")

► **QR-Code:** Eine quadratische Matrix aus schwarzen und weißen Quadraten; QR bedeutet „schnelle Antwort" (englisch für Quick Response).

Die Grafik enthält die Überweisungsdaten. Scannen Sie die Grafik mit dem Generator, werden die Überweisungsdaten übertragen. Daraus erzeugt der Generator dann die TAN. Zur Überprüfung werden auch die Transaktionsdaten am Schluss angezeigt.

**Besonderheit:** Das optische Auslesen funktioniert nicht? Erzeugen Sie die TAN, indem Sie die Überweisungsdaten direkt in das Gerät eintippen.

**Sicherheit:** Sehr hoch

### BestSign

**Andere Namen:** Keine (bislang bietet nur die Postbank dieses Verfahren an)

**Das brauchen Sie:** Ein Zusatzgerät, das durch die Eingabe einer ID (Identifikationsnummer) mit Ihrem Konto verknüpft wird. Anschließend erhalten Sie von der Postbank per Brief einen Code, mit dem Sie das Gerät aktivieren. Wenn Sie von einem anderen TAN-Verfahren wechseln, können Sie BestSign mit einer TAN des alten Verfahrens freischalten.

**So geht es:** Verbinden Sie das Zusatzgerät über den USB-Anschluss oder per Bluetooth mit Ihrem PC. Geben Sie die Überweisungsdaten am PC ein. Das Gerät zeigt diese zusätzlich noch einmal an. Sind die Daten korrekt, bestätigen Sie per Knopfdruck. Eine sichtbare TAN ist nicht beteiligt.

**Besonderheit:** Es ist möglich, BestSign über die Postbank-App Finanzassistent zu nutzen. Die Freigabe erfolgt per Fingerabdruck, Face ID oder Passwort.

**Sicherheit:** Sehr hoch, wenn Sie das Zusatzgerät von der Postbank nutzen. Hoch, wenn Sie dafür Ihr Smartphone verwenden.

### photoTAN

**Andere Namen:** Keine

**Das brauchen Sie:** Eine gesonderte App auf Ihrem Smartphone oder ein spezielles Lesegerät, das Sie bei Ihrer Bank registrieren lassen müssen. Sie erhalten per Post einen Aktivierungsbrief mit Aktivierungsgrafik und Anleitung.

**1** Melden Sie sich in Ihrem Onlinebanking-Portal an.

**2** Nutzen Sie ein Lesegerät, dann scannen Sie nun die *Aktivierungsgrafik* damit.

**3** Wählen Sie eine *PIN* für das Gerät, wonach ein Aktivierungscode erscheint.

**4** Geben Sie den *Code* im Onlinebanking-Portal in das angegebene Feld ein.

**5** Drücken Sie auf dem Gerät *Fertig* und klicken Sie am PC auf *Weiter*.

**6** Auf dem PC erscheint eine *Farbgrafik*, über die Sie das Lesegerät halten. Der Scanvorgang sollte dann automatisch erfolgen.

**7** Auf dem Display des Lesegerätes sehen Sie eine *TAN*, die Sie im Onlinebanking eingeben.

**8** Folgen Sie den weiteren Anweisungen, um die Aktivierung abzuschließen.

**So geht es:** Geben Sie die Überweisungsdaten am PC ein, aus denen auf dem Bildschirm eine farbige Grafik erzeugt wird. Scannen Sie die Grafik mit dem Lesegerät, erscheint auf dem Display eine TAN. Zur Kontrolle werden auch die Daten Ihres Auftrags angezeigt.

**Besonderheit:** Statt des Lesegeräts können Sie auch die photoTAN-App nutzen. Nachdem Sie diese auf Ihr Smartphone oder Tablet geladen und aktiviert haben, scannen Sie mit der Kamera – genau wie mit dem Lesegerät – die farbige Grafik.

**Sicherheit:** Sehr hoch, wenn Sie die Grafik mit dem Lesegerät scannen. Hoch, wenn Sie dafür das Smartphone oder Tablet verwenden.

## QR-TAN

**Anderer Name:** QR-TAN+

**Das brauchen Sie:** Ein Smartphone und eine App, mit der Sie einen QR-Code lesen können. Er stellt Daten codiert als quadratisches Bild aus schwarzen und weißen Quadraten dar. QR bedeutet „schnelle Antwort" (englisch Quick Response).

**So geht es:** Geben Sie nach Aktivierung der App die Überweisungsdaten am PC ein. Es erscheint ein QR-Code auf dem Bildschirm. Starten Sie die QR-TAN-App auf dem Smartphone und scannen Sie den QR-Code anschließend mit der Kamera. Die Überweisungsdaten werden noch einmal angezeigt und eine TAN generiert. Alternativ können Sie den Auftrag nach Kontrolle der Daten auch direkt aus der QR-TAN-App freigeben.
**Besonderheit:** Keine
**Sicherheit:** Sehr hoch

### AppTAN

**Andere Namen:** VR-SecureGo, EasyTAN, TAN2go, PushTAN, Sparda-SecureApp
**Das brauchen Sie:** Ein Smartphone und die App Ihrer Bank, die Sie nach der Installation aktivieren müssen. Die App ist mit einem Passwort geschützt, das Sie zum Einrichten der App, zum Entsperren und für die Freigabe der Transaktion benötigen.
**So geht es:** Geben Sie die Überweisungsdaten am PC ein und fordern Sie eine TAN an. Starten Sie danach die passwortgeschützte App, worauf Sie die Auftragsdaten und eine TAN sehen. Stimmen die Daten mit jenen am PC überein, tragen Sie die TAN in das vorgegebene Feld im Onlinebanking ein.
**Besonderheit:** Sie können das Verfahren auch für das Smartphone-Banking nutzen und die TAN auf demselben Gerät empfangen, auf dem sich die Banking-App befindet. Im Smartphone wird die PushTAN-App isoliert von anderen Apps betrieben.
**Sicherheit:** Hoch

### SMS-TAN

**Andere Namen:** MobileTAN, mTAN
**Das brauchen Sie:** Ein einfaches Mobiltelefon genügt. Sie müssen der Bank Ihre Mobilfunknummer mitteilen, die Bestätigung erfolgt

im Anschluss über eine SMS an diese Nummer.

**So geht es:** Geben Sie die Überweisungsdaten auf dem PC ein, erhalten Sie Sekunden später eine SMS auf Ihr Handy. Neben der TAN sehen Sie den Betrag und mindestens die letzten vier Stellen der Kontonummer (IBAN) des Empfängers. Die auf diesem Weg gesendete TAN ist nur für diese Überweisung und zeitlich begrenzt gültig.

**Besonderheit:** Nutzen Sie für die Überweisung ein Smartphone, können Sie keine SMS-TAN auf demselben Gerät empfangen.

**Sicherheit:** Mittel. Inzwischen bieten die meisten Banken und Sparkassen dieses Verfahren nicht mehr an.

→ **Wie funktioniert ein TAN-Generator?**

Ein TAN-Generator erzeugt eine Transaktionsnummer (TAN), um beim Onlinebanking Zahlungsaufträge etwa per ChipTAN- oder photoTAN-Verfahren an Ihre Bank zu bestätigen. Bevor Sie den Generator nutzen können, müssen Sie ihn mit Ihrem Konto synchronisieren. Es gibt drei verschiedene Varianten:

1. Der **manuelle Generator** erfordert die Eingabe des Zugangscodes und einiger, eventuell auch aller Transaktionsdaten. Anschließend erscheint auf dem Display eine TAN.

2. Der **optische Generator** empfängt die Überweisungsdaten durch das Scannen eines Strichcodes, Fotos oder QR-Codes. Daraus wird eine TAN erzeugt, die Sie auf dem Display sehen.

3. Der **Secoder** verfügt über eine spezielle Sicherheitssoftware. Sobald Sie ihn per USB-Anschluss oder Bluetooth mit dem PC verbinden, sehen Sie die Transaktionsdaten auf dem Display. Nach Eingabe der PIN erfolgt die verschlüsselte Übertragung eines Codes, um den Zahlungsauftrag freizugeben. Hierbei gibt es keine sichtbare TAN.

### TAN-Verfahren im Test

Finanztest veröffentlichte in seiner August-Ausgabe 2019 einen Vergleichstest der Onlinebanking-Verfahren von insgesamt 22 Kreditinstituten, darunter Privatbanken, Direktbanken, Sparkassen sowie Volks- und Raiffeisenbanken.

Bei vier der insgesamt sechs getesteten Verfahren (siehe Seite 11) wurde die Sicherheit als sehr hoch eingestuft: ChipTAN und Best-Sign, beide mit Lesegerät, sowie photoTAN – sofern hierbei ein Lesegerät verwendet wird – und QR-TAN, für das Sie ein Smartphone und eine spezielle App zum Lesen des QR-Codes brauchen.

Eine hohe Sicherheit bieten das photoTAN-Verfahren mit Smartphone und das App-TAN-Verfahren, ebenfalls mit Smartphone. Nur die Sicherheit beim SMS-TAN-Verfahren gilt als mittel.

Die angebotenen Verfahren von mehr als 120 Banken finden Sie unter test.de/girokonten laufend aktualisiert.

# Mögliche Risiken

Wann und wo auch immer Sie Geldgeschäfte tätigen – gewisse Risiken gibt es überall. Im Einkaufszentrum droht der Taschendiebstahl, wenn Sie Pech haben samt Geldbörse mit Führerschein und Personalausweis. Der Geldautomat könnte manipuliert, das unbewachte Auto eine lohnende Beute sein.

Den besten Schutz bieten die Kenntnis eventueller Risiken sowie eine Kombination aus Aufmerksamkeit und entsprechenden Hilfsmitteln wie etwa Alarmanlagen oder Sicherheitsschlösser.

Das Internet hat seine eigenen Gefahren. Die größten lauern beim Abrufen von E-Mails und beim Zugriff auf gefälschte oder manipulierte Internetseiten. Trotzdem sollten Sie sich nicht verunsichern lassen. Die Wahrscheinlichkeit, dass sich jemand über Onlinebanking oder Onlinebezahldienste Zugang zu Ihrem Konto verschafft, ist sehr gering.

Zudem lassen sich mit geeigneten Vorkehrungen und diversen Schutzprogrammen Schädlinge wie Computerviren, Würmer und Trojaner in der Regel gut abwehren.

Die bekanntesten Risiken haben wir nachfolgend für Sie zusammengestellt. Und wie sich diesen begegnen lässt, zeigen wir Ihnen in den anschließenden Sicherheitsvorkehrungen.

→ **Attacke durch „Mittelsmann"**

Bei dem Angriff durch einen „Man-in-the-Middle" (MITM) handelt es sich um ein Schadprogramm oder einen Internetkriminellen, der sich in die Kommunikation zwischen zwei oder mehreren Netzwerkteilnehmern einklinkt, beispielsweise zwischen einem Kunden und der Website seiner Bank. Dabei täuscht er die Identität des jeweils anderen Kommunikationspartners vor. Aus diesem Grund wird eine MITM-Attacke auch als Janusangriff bezeichnet.

**Phishing-Mail**

Eine beliebte Methode, an personalisierte Daten wie Passwörter zu kommen, stellt die Versendung von Phishing-Mails dar. Laut Bundeskriminalamt handelt es sich beim Phishing um „digitalen Identitätsdiebstahl".

Der Begriff setzt sich zusammen aus den englischen Begriffen „password harvesting" (deutsch: Passwort sammeln) und „fishing" (deutsch: angeln). Über E-Mail-Links und -Anhänge versuchen Kriminelle, Zugangsdaten und andere zahlungsrelevante Informationen zu erbeuten.

Meist handelt es sich um eine vorgeblich von Ihrer Bank, einem Onlinebezahldienst oder irgendeinem anderen Unternehmen stammende Nachricht, die unter Bezugnahme auf Schlagwörter

wie „Sicherheitsupdate" und „Datenschutz" dazu auffordert, über einen Link die Website des angeblichen Absenders zu besuchen.

Die E-Mail kann aber auch mit einem Anhang versehen sein. Beliebt sind beispielsweise Formulare, die ausgefüllt zurückgeschickt werden sollen. Oder aber das Öffnen der angehängten Datei setzt einen Virus frei.

Die meisten Phishing-Mails sind anhand folgender Merkmale relativ einfach zu erkennen:

▶ **Sie werden nicht persönlich** angesprochen oder die Anrede fehlt gänzlich. Wenige Phishing-Täter haben zuvor Ihren Namen herausgefunden, um der Nachricht durch eine persönliche Ansprache mehr Glaubwürdigkeit zu verleihen.

▶ **Es finden sich Rechtschreib-** und Zeichensatzfehler. Oft ist auch der Satzbau falsch (die Anschreiben wurden oft nur rudimentär ins Deutsche übersetzt).

► **Die Betonung liegt** auf einer angeblichen Dringlichkeit, eventuell in Verbindung mit Zeitdruck und einer Drohung, beispielsweise dass Sie Ihre Daten schnellstmöglich bestätigen müssen, damit Ihr Konto weiterhin geschützt ist oder Ihr Zugang freigegeben wird.

► **Sie sehen einen** hervorgehobenen, weiterführenden Link.

Sichere Hinweise sind zudem fehlende Umlaute, die darauf hindeuten, dass ein Übersetzungsprogramm verwendet wurde. Sollten Sie nicht gerade Kunde einer ausländischen Bank sein, dürfen Sie auch in einer fremden Sprache verfasste Mails getrost löschen.

**Doch Vorsicht:** Es gibt ebenfalls E-Mails, die täuschend echt aussehen. Die Faustregel lautet daher ganz einfach: niemals sensible Daten auf eine solche Aufforderung preisgeben.

### Gefälschte und infizierte Webseiten

Klicken Sie auf den Link einer Phishing-Mail, gelangen Sie in der Regel auf eine gefälschte Webseite. Wurde die Nachricht in der Phishing-Mail als Bild verschickt, macht es keinen Unterschied, ob Sie den Link direkt anklicken oder auf einen anderen Teil der Nachricht. Es öffnet sich immer die gefälschte Seite.

Wenn Sie Glück haben, ist die Fälschung so stümperhaft, dass Sie den Betrug sofort erkennen. Sonst könnte es sein, dass Sie der Bitte um Eingabe Ihrer Zugangsdaten Folge leisten. Oft schließt sich daran eine Abfrage weiterer persönlicher Informationen. So erhalten Dritte nicht nur Zugriff auf Ihr Konto, sondern auch die Möglichkeit, Ihre Identität zu missbrauchen und mit Ihren Daten Straftaten zu begehen.

Möglicherweise geraten Sie durch das Anklicken des Links in einer Phishing-Mail oder über die direkte Eingabe der Internetadresse Ihrer Bank, eines Bezahlsystems oder Onlineshops auf eine infizierte oder manipulierte Homepage. Sie dient nicht nur dazu, Passwörter und persönliche Daten zu erbeuten, sondern installiert ein Schadprogramm auf Ihrem Rechner.

Jetzt zeigt sich, ob Sie ein brauchbares Antivirenprogramm installiert haben. Welche sich besonders eignen, beschreiben wir in den Sicherheitsvorkehrungen (siehe Seite 22).

### Computerviren

Viren können sich nicht selbst verbreiten. Ihre Verbreitung erfordert die Hilfe des Nutzers. Nur wenn dieser eine infizierte Datei weiterleitet, kann ein solcher Virus ein weiteres Gerät befallen. Sie legen sich nach dem Einschalten des Gerätes in Programmen und Dokumenten ab.

Die meisten Computerviren werden schnell erkannt und beseitigt, wenn Sie ein aktuelles Antivirenprogramm auf dem PC haben.

### Würmer

Würmer hingegen übernehmen das System Ihres Gerätes und schicken selbstständig Schadcodes etwa an alle E-Mail-Adressen in Ihrem Adressbuch. So kopieren sie sich in Netzwerken oder über das Internet automatisch von einem Rechner auf den anderen. Ihr Zerstörungspotenzial kann gewaltig sein. Zu den bekanntesten zählen „Melissa", „I Love You" und „Stuxnet".

Auch Würmer werden heute von guten Virenscannern entdeckt – auf Wunsch können diese auch E-Mail-Anhänge mit überprüfen. Dabei können diese natürlich immer nur finden, was bereits bekannt ist.

### Trojaner

Bei einem Trojaner handelt es sich um ein Schadprogramm, das über manipulierte Links und Internetseiten oder durch verseuchte E-Mail-Anhänge versteckt auf Ihren Rechner geladen wird.

Die Programme zielen nicht nur darauf ab, persönliche Daten an ihre Entwickler zu schicken. Richten Trojaner auf ihrem Gerät eine „backdoor" (zu deutsch: Hintertür (im System)) ein, kann der jeweilige Entwickler, solange Sie online sind, nach Belieben auf Ihr Gerät

Info

**Abwehrmaßnahmen:** Auch Sie selbst können dazu beitragen, sich zu schützen: Halten Sie Ihr Betriebssystem und Ihren Browser stets auf dem neuesten Stand.

▶ Sichern Sie Ihre Daten regelmäßig – offline! – auf einer externen Festplatte.

▶ Installieren Sie ein brauchbares Sicherheitspaket und achten Sie auf Updates.

▶ Laden Sie insbesondere kostenlose Virenschutzprogramme nur von vertrauenswürdigen Seiten herunter.

▶ Gehen Sie online, wenn Sie den Scanner starten, damit er die neuesten Vireninfos vom Server seines Anbieters erhält.

▶ Führen Sie regelmäßig einen Malware-Scan (Scan auf Schadsoftware) durch.

zugreifen, es steuern und vor dort aus Programme installieren und ausführen.

Der Name leitet sich ab vom Trojanischen Pferd. Als Metapher bezeichnet es dementsprechend ein unscheinbares Objekt, das einem Angreifer als Tarnung dient: Trojaner auf dem Computer verhalten sich ähnlich. Sie tarnen sich als harmloses Programm, installieren sich selbstständig und öffnen Angreifern aus dem Internet virtuell die Tore.

### Ransomware

Diese spezielle Art von Trojanern zielt auf das Verschlüsseln von wichtigen Dateien oder gar der gesamten Steuerung Ihres Gerätes – meist gefolgt von einer Lösegeldforderung (engl. „ransom"). 

Die Verbindung zum Internet zu beenden, hilft in der Regel wenig. Üblicherweise sind Trojaner so programmiert, dass sie ihr Werk fortsetzen, solange sie kein Signal zur Beendigung von ihrem Sender empfangen. Selbst dann erhalten Sie – wenn überhaupt – nur die (kurzzeitige) Freigabe der Programme und die Entschlüsselung der Daten. Es ist unwahrscheinlich, dass die Ransomware von Ihrem Rechner gelöscht wird.

Insofern ist es wenig sinnvoll, auf die Forderungen von Erpressern einzugehen. Sollte Ihr PC infiziert sein, wenden Sie sich an die Polizei oder die Verbraucherzentralen, die Ihnen in diesem Fall weiterhelfen.

Am besten lassen sich Trojaner und Ransomware über den Browser, über Virenschutzprogramme und über persönliche Vorsicht abwehren.

# Allgemeine Sicherheitsvorkehrungen

Nach dem heutigen Stand der Technik sind die meisten Onlinebanking-Verfahren als sehr sicher oder zumindest als sicher einzustufen. Insofern können Sie Ihre Bankgeschäfte ohne Bedenken über das Internet tätigen.

Auch hinsichtlich der sogenannten Cyberkriminalität gibt es eine gute Nachricht: Durch die vorgeschriebene Zwei-Faktor-Authentifizierung nützt die Kenntnis beispielsweise eines Passwortes oder einer PIN inzwischen wenig. Um Zugang etwa zu Ihrem Konto zu erlangen, müssten Cyberkriminelle einen zweiten Faktor, etwa Ihr Smartphone, Ihren TAN-Generator oder Ihr biometrisches Merkmal besitzen.

Vorsicht ist dennoch angebracht. Viele, aber nicht alle Banken fordern bei jedem Log-in die Eingabe des zweiten Faktors. Laut EU-Vorgabe genügt es, dies alle 90 Tage zu tun. So sollten Sie darauf achten, sich

▶ **nicht über öffentliche Internetzugänge** in Ihr Online-banking einzuloggen und

▶ **stets über die Homepage** Ihres Finanzdienstleisters anzu-melden.

**Info**

**Sicheres Passwort erstellen:** Ein beispielhaftes, sicheres Passwort wäre: *SHBello=16am*. Mindestens zehn Zeichen – darunter Klein- und Großbuchstaben, Zahlen und Sonderzeichen. Aber wie soll man sich das im Zeitalter der Onlinekonten-Flut merken? Als Eselsbrücke hilft der Blick in die eigene Agenda. Nehmen Sie am An-fang oder Ende die ersten Buchstaben des betreffenden Anbieters, fügen Sie die Anfangsbuchstaben eines Ereignis-ses, Ortes oder einer Romanfigur sowie den Namen einer Ihnen vertrauten Person beziehungsweise eines Haustieres hinzu und setzen Sie dazwischen beispielsweise mit einem = oder einem anderen Sonderzeichen eine Zahl, die Sie in-haltlich damit verknüpfen. In diesem Fall ist die Auflösung: *S*(herlock) *H*(olmes) *Bello* (Name des Haustieres) = *16* (Ge-burtsjahr des Haustieres) *am* (Abkürzung für amazon). Wenn Sie noch einen Schritt weitergehen wollen, können Sie einen Passwortmanager nutzen (siehe S. 109).

Hinzu kommt, dass nicht alle Bezahlverfahren von der Regelung betroffen sind. So änderte sich im Onlinehandel etwa bei Zahlun-gen via Lastschrift nichts. Aufgrund der Erlaubnis des Käufers darf die Bank des Shop-Betreibers die Lastschrift ohne weitere Hürde einziehen.

Wie bisher hat aber jeder Kunde die Möglichkeit, diese innerhalb von acht Wochen ohne Angabe eines Grundes zu widerrufen. Insfern bleibt die Lastschrift für den Onlinekunden nicht nur die bequemste, sondern ebenso eine der sichersten Zahlungsmethoden.

Bei Onlinebezahldiensten wie PayPal, Paydirekt oder Amazon Pay kommt es auf die Bezahlart an. Erforderlich ist die Zwei-Faktor-Authentifizierung im Grunde nur bei Kreditkartenzahlungen. Zwar wird sie von einigen Bezahldiensten auch für den Zahlungsverkehr über Bankeinzug angeboten. Aktivieren müssen Sie diese Option in der Regel jedoch selbst. Inwieweit ein Bezahldienst empfehlenswert ist, lesen Sie in Kapitel 5, ab Seite 127.

Für mehr Sicherheit beim Shoppen im Internet können Sie persönlich sorgen:

▶ **Nutzen Sie** für die verschiedenen Dienste unterschiedliche Passwörter.

▶ **Erstellen Sie** nur Passwörter mit mindestens zehn Zeichen.

▶ **Fügen Sie** Sonderzeichen und Zahlen in Ihre Passwörter ein.

▶ **Wählen Sie** bei wichtigen Diensten eine Zwei-Faktor-Authentifizierung.

▶ **Meiden Sie** bei Onlineshops die direkte Eingabe Ihrer Onlinebanking-Zugangsdaten.

▶ **Verwenden Sie** Ihre offizielle E-Mail-Adresse nur bei seriösen Unternehmen.

▶ **Richten Sie** eine anonymisierte zweite E-Mail-Adresse ein.

### Der Umgang mit Phishing-Mails

Man sollte verinnerlichen, dass seriöse Institute und Unternehmen Ihre Kunden niemals telefonisch oder per E-Mail auffordern, persönliche Daten, die Eingabe von PIN, TAN oder anderen Kontoinformationen preiszugeben. Üblicherweise erhalten Sie etwa nach einer Änderung der Konditionen oder Ihrer Daten eine rein informative E-Mail.

Finden Sie eine ungewöhnliche Mail in Ihrem Postfach, empfiehlt sich folgende Vorgehensweise:

▶ **Prüfen Sie,** ob der Absender legitim erscheint.

▶ **Löschen Sie alle E-Mails,** die von einem Dienstleister stammen, mit dem Sie keine Geschäftsbeziehung haben.

| ✓ master.admin@thepiknikgardeen.net |
|---|
| Adresse kopieren |
| Zu VIPs hinzufügen |
| Neue E-Mail |
| Zu Kontakten hinzufügen |
| Suchen nach „MG. De Amazon" |

▶ **Ist Ihnen der Dienstleister** hingegen vertraut, überprüfen Sie mit einem Klick auf die Absenderadresse und einer Betrachtung der Adresse unter „Antwort an", ob diese mit jener des echten Anbieters (Bank, Onlinebezahldienst, Internetshop o. Ä.) übereinstimmt. Achten Sie dabei auf Buchstabendreher und falsche Satzzeichen.

▶ **Öffnen Sie keine Anhänge,** Links oder Zip-Dateien. Banken und andere Zahlungsdienstleister versenden nur in Ausnahmefällen E-Mails mit Links und angehängten Dateien, etwa bei neuen AGB. Niemals fordern sie die Eingabe der Anmeldedaten oder persönlicher Informationen.

▶ **Gehen Sie den längeren Weg:** Öffnen Sie Ihren Browser, geben Sie die offizielle Adresse des echten Anbieters ein und melden Sie sich über seine Homepage an.

▶ **Löschen Sie zweifelhafte E-Mails** am besten sofort.

▶ **Sind Sie sicher,** dass es sich um eine Phishing-Mail handelt, löschen Sie die E-Mail am besten erst nach einer Weiterleitung an phishing@verbraucherzentrale.nrw sowie, wenn möglich, an den echten Anbieter – im Fall von Onlinebanking also an Ihre Bank. Die Verbraucherzentrale Nordrhein-Westfalen anonymisiert Ihre Daten und wertet die E-Mail aus. Aktuelle Warnungen und alle Informationen finden Sie unter: verbraucherzentrale.de/wissen/digitale-welt/phishingradar.

Die Absender-E-Mail-Adresse und der Link scheinen vertrauenswürdig, das Deutsch ist entsprechend – Sie möchten aber Gewissheit haben? Mit mehr Aufwand lässt sich der wahre Absender über seine IP-Adresse ermitteln. Unter „So lesen Sie den Mail-Header" zeigt die Verbraucherzentrale auf ihren Internetseiten, worauf Sie achten sollten.

### Der Umgang mit gefälschten Internetseiten

Besondere Vorsicht ist angebracht, wenn Sie über einen E-Mail-Link auf eine Webseite weitergeleitet werden. Innerhalb der E-Mail ist die URL selbst oft hinter einem anklickbaren Wort oder Text versteckt. Gehen Sie per *Rechtsklick* auf das anklickbare Wort und wählen Sie *Link kopieren*. In der Adresszeile Ihres Browsers können Sie nun den *Link einfügen* – aber nicht per Enter bestätigen. Schauen Sie genau hin:

▶ **Beginnt die Adresse** im Webbrowser mit *https*?

> ♻ https://www.commerzbank.de/portal/de/privatkunden/persoenlicher-bereich/verwal ↻

▶ **Ist in der Adresszeile** vor dem Namen ein *Vorhängeschloss* zu sehen?

Wurden Sie jedoch auf eine gefälschte Internetseite weitergeleitet, empfiehlt sich nachstehende Vorgehensweise:

**1** Folgen Sie keinen Aufforderungen zur Eingabe persönlicher Daten.

**2** Ignorieren Sie Pop-ups, die eine Eingabe Ihrer Zugangsdaten fordern.

**3** Schließen Sie die Seite.

**4** Löschen Sie in den Einstellungen unter *Datenschutz* alle Cookies und Websitedaten.

**5** Sollten Sie sensible Daten wie Kontonummer und PIN eingegeben haben, kontaktieren Sie sofort den echten Anbieter.

**6** Ändern Sie Ihre Zugangsdaten.

**7** Sperren Sie – wenn nötig – Konten und Karten.

**8** Prüfen Sie in der Folgezeit Ihre Kontoauszüge regelmäßig.

# Sicherheitssoftware

Den besten Schutz vor Phishing-Mails und Schadprogrammen bietet eine gute Sicherheitssoftware. Sie greift auf die schwarzen Listen mit Adressen bekannter Angreifer zurück und erkennt, wenn bei einer Phishing-Mail im eingebetteten Link beispielsweise ein korrekt aussehendes „a" tatsächlich ein optisch entsprechendes kyrillisches „a" ist. Eine Täuschung, die gern etwa bei gefälschten Benachrichtigungen von Amazon vorgenommen wird.

Auch eine Firewall mag eine gute Wahl sein. Dabei handelt es sich um ein Programm, das Angreifer abwehrt, die auf Ihrem Computer Daten verändern, kopieren oder löschen möchten. Eine Firewall kann jedoch die Nutzung von Onlineangeboten und Social-Media-Diensten einschränken oder blockieren.

→ **Welchen Schutz bieten Sicherheitsprogramme?**

Jede Sicherheitssoftware ist nur so gut wie ihre Komponenten: Wächter, Scanner und Phishing-Schutz:

**Der Wächter** ist ständig auf der Suche nach Schadprogrammen, blockiert Angreifer und löscht verdächtige Dateien sofort.

**Der Scanner** durchsucht Festplatten und Speicher entweder nach Zeitplan oder nach manueller Aufforderung des Anwenders, um Angreifer aufzuspüren und zu löschen, die vom Wächter eventuell nicht erkannt wurden.

**Über den Phishing-Schutz** werden Webseiten blockiert, die Zugangsdaten der Benutzer abgreifen wollen.

Seit April 2016 testen die Experten von Stiftung Warentest jährlich Sicherheitsprogramme für Windows und Mac. Im März 2020 fanden sich unter den 19 getesteten Sicherheitsprogrammen für Windows-Rechner drei mit sehr guter Wächter- und Scannerfunktion sowie sehr gutem Phishing-Schutz: Die beiden Testsieger von

Avira – Antivirus Pro für rund 35 Euro im Jahr und das kostenlose Free Security Suite – sowie das kostenlose Avast Free Antivirus (siehe test 03/2020 und www.test.de, Stichwort Antivirenprogramme). Der im Betriebssystem Windows 10 vorinstallierte Microsoft-Defender leistet annehmbare Dienste. Vor Phishing, also dem Abgreifen von Zugangsdaten und persönlichen Informationen, schützt er aber nicht. Dies überlässt Microsoft dem Browser. Ergänzen Sie den Microsoft-Defender deshalb mit einem Browser wie Microsoft Edge, Google Chrome oder Mozilla Firefox. Noch besser eignen sich Antivirenprogramme mit sehr gutem Phishing-Schutz. Mac-Rechner sind weniger gefährdet als jene von Windows. Apple schirmt sein Betriebssystem stark ab. Ein Schwachpunkt ist jedoch der Phishing-Schutz. Phishing-Attacken müssen über den Browser, etwa Apple Safari oder Google Chrome, blockiert werden. Wer auf Nummer sicher gehen will, sollte zusätzlich ein geeignetes Schutzprogramm installieren.

Die insgesamt besten der neun getesteten Programme für Apple-Rechner sind Antivirus for Mac von Bitdefender für 40 Euro im Jahr und Cyber Security von Eset für 35 Euro im Jahr.

Den besten Phishing-Schutz bieten allerdings die beiden Gratisprogramme Free Security for Mac von Avast und Antivirus for Mac von AVG. Wer sich für ein Gratisprogramm entscheidet, muss sich jedoch in der Regel mit oft sehr aufdringlicher Eigenwerbung für kostenpflichtige Premium-Versionen abfinden.

### → Geschützter Browser

Webbrowser sind Computerprogramme, die es in Form von Benutzeroberflächen ermöglichen, Internetseiten oder allgemein Dokumente und Daten darzustellen. Um das Abgreifen von Zugangsdaten über schädliche Internetseiten abzuwehren, empfehlen sich Browser mit aktivem Phishing-Schutz. Die aktuellen Versionen der gängigen Browser wie Chrome, Firefox, Safari, Edge und Opera haben diese Funktion standardmäßig aktiviert.

**Was tun, wenn der Ernstfall eintritt?**

▶ Benachrichtigen Sie sofort Ihre Bank und lassen Sie die betroffenen Konten samt Karten sperren.

▶ Aktualisieren Sie das Antivirenprogramm auf Ihrem Rechner und führen Sie einen Scan durch. Eventuell benötigen Sie einen Computerspezialisten, um Ihren Rechner zu überprüfen.

▶ Am sichersten ist es, den PC auszuschalten, vom Netz zu nehmen und eine vollständige Neuinstallation durchzuführen.

▶ Erstatten Sie bei der Polizei Strafanzeige.

▶ Ändern Sie Ihre Passwörter und aktivieren Sie bei allen wichtigen Accounts die Zwei-Faktor-Authentifizierung.

# Datenschutz

Wer wie viel und vor allem was über die persönlichen finanziellen Angelegenheiten und Aktivitäten weiß, bleibt vermutlich für so gut wie jeden Internetnutzer im Dunkeln. Ob bei der Anmeldung, während des Bezahlvorgangs, über Cookies oder Tracker – es gibt vielfältige Möglichkeiten, unsere Daten zu sammeln und unser Verhalten im Internet aufzuzeichnen.

Gemäß Datenschutzgrundverordnung sollte zwar niemand die Möglichkeit haben, ungefragt Daten über unser Verhalten im Internet zu sammeln oder zu analysieren, doch sieht die Realität leider anders aus. Vor allem Bezahldienste wie PayPal, Paydirekt und Co sammeln weit mehr Daten, als für ihre Dienstleistungen nötig wäre.

Im Gegenzug erhalten Sie beispielsweise das zweifelhafte Vergnügen, personalisierte Werbung genießen zu dürfen oder auch in Ihrer

Bonitätsstufe bei den bekannten Wirtschaftsauskunfteien herabgestuft zu werden.

→ ## Datenschutzgrundverordnung

Seit dem 25. Mai 2018 gilt in Deutschland die Datenschutzgrundverordnung (DSGVO), die zu einer Neufassung des Bundesdatenschutzgesetzes (BDSG) führte. Sie enthält „Vorschriften zum Schutz natürlicher Personen bei der Verarbeitung personenbezogener Daten und zum freien Verkehr solcher Daten". Personenbezogene Daten dürfen demnach nur unter genau festgelegten Bedingungen gesammelt, verarbeitet und gespeichert werden.

Anders sieht es mit nutzerrelevanten Daten aus. Sie werden vor allem über sogenannte Cookies ermittelt und sind üblicherweise anonymisiert. Ihr Einsatz bedarf der ausdrücklichen Einwilligung des Website-Besuchers. Ungefragt dürfen Website-Betreiber im Grunde nur technisch notwendige Cookies einsetzen. Somit hat jeder Nutzer theoretisch die Möglichkeit, alle übrigen Cookies abzulehnen. Viele Dienste funktionieren dann jedoch nur eingeschränkt, manche gar nicht.

### Einzigartige Spuren

Neben den Daten, die wir etwa durch Anmeldungen, Käufe oder die Zustimmung zum Einsatz von Cookies freiwillig liefern, gehört zu unseren Spuren im Netz auch die IP-Adresse. Sie informiert beispielsweise darüber, wann unser Rechner welche Internetseite wie lange besucht hat. Vergleichbar mit einer Postadresse ermöglicht es die IP-Adresse dem Provider, den Rechner des Nutzers eindeutig zu identifizieren.

Provider sind Internetdienstleister. Sie stellen Internetzugänge bereit und bieten verschiedene Dienste, Inhalte sowie technische Leistungen zur Nutzung des World Wide Webs an. Derzeit speichert der Provider die Daten sechs Monate lang. Zur Herausgabe bedarf es einer richterlichen Verfügung.

→ **Wozu dient die IP-Adresse?**

Jedes an das Internet angeschlossene Gerät hat eine einzig artige IP-Adresse. Das Internetprotokoll (IP) ist ein Standard zum Datenversand in Rechnernetzwerken und im Internet. Internetfähige Geräte benötigen die IP-Adresse, um untereinander Datenpakete auszutauschen. Nur so können sie miteinander kommunizieren.

## Das virtuelle private Netzwerk (VPN)

Möchten Sie Ihre IP-Adresse verschleiern, können Sie beispielsweise einen Proxy-Server oder einen VPN-Dienst nutzen. Proxy bezeichnet einen Stellvertreter. Er schaltet sich zwischen Ihr Gerät und den Ziel-Server.

VPN ist die Abkürzung für Virtual Private Network, übersetzt „virtuelles privates Netzwerk". Um einen VPN-Dienst in Anspruch nehmen zu können, müssen Sie eine Software-, Browsererweiterung oder eine entsprechende App (siehe „Spurlos surfen", S. 117) auf Ihr Gerät laden.

Den größten Nutzen bietet die Möglichkeit, in offenen Netzen eine sichere Verbindung aufzubauen. So besuchen Sie per VPN eine Internetseite nicht direkt, das geschieht stattdessen über den VPN-Server. Hier werden Ihre Daten vor der Weiterleitung verschlüsselt. Wer auch immer in einem offenen Netz Ihre Verbindung zu Ihrer IP-Adresse zurückverfolgen möchte, kommt jetzt nur bis zu Ihrem VPN-Server.

Zudem ermöglichen solche Server und Dienste die Umgehung von Ländersperren, indem Sie den Standort des gewählten VPN-Servers statt jenen Ihres Gerätes vorgeben. So werden VPN-Dienste im investigativen Journalismus oft genutzt, um in Staaten ohne freien Internetzugang die Zugriffsbeschränkungen zu umgehen.

Sie sind zudem praktisch, wenn eine Internetseite Informationen nur Besuchern eines bestimmten Landes zur Verfügung stellt. Befindet sich das VPN-Gateway zum Beispiel in den USA, könnten Sie Serien auf dem US-Sender Fox ansehen oder den amerikanischen Streamingdienst Hulu verwenden.

# Datenschutz und Sicherheit in Eigenregie

Das größte Sicherheitsrisiko ist in den meisten Fällen der Nutzer selbst. Wer seine Daten an Dritte weitergibt oder sorglos mit ihnen umgeht, braucht sich über Missbrauch nicht zu wundern.
Würden Sie private Notizen für jeden lesbar an Ihrem Arbeitsplatz oder Ihre (gefüllte) Brieftasche auf dem Tisch eines gut besuchten Szenelokals liegen lassen? Vermutlich nicht. Ihre persönlichen Informationen und Passwörter sollten Sie mit der gleichen Achtsamkeit behandeln.
Dennoch sind unsere Alarmglocken manchmal wie ausgeschaltet, wenn scheinbar alles in Ordnung ist. Nicht umsonst kommen in der realen Welt Betrügereien wie der Enkeltrick – bei dem ein naher Verwandter durch eine Notsituation angeblich plötzlich Geld benötigt – oder Varianten davon mit gefälschten Ausweisen, Polizeiuniformen oder anwältlichen Maßnahmen sehr häufig vor.
Entsprechend hat auch schon so mancher Internetnutzer durch Gutgläubigkeit auf einen Hilferuf per E-Mail oder durch den Besuch einer ungesicherten Internetseite ein Schadprogramm auf sein elektronisches Gerät geladen (siehe „Phishing", S. 17). Genau darauf haben es Betrüger abgesehen, denn in diesen Fällen helfen das sicherste Passwort und die beste Verschlüsselung nichts.

### Faustregeln für sicheres Surfen

Mit der Wahl eines sicheren Browsers und der Installation eines geeigneten Virenschutzprogrammes können die meisten Gefahren bereits im Vorfeld relativ gut abgewehrt werden.

Des Weiteren gelten folgende generelle Hinweise:

▶ **Laden Sie Apps,** Spiele oder andere Software nur über einen offiziellen App Store herunter.

▶ **Geben Sie niemals,** weder im Internet noch per Telefon oder an der Haustür, Auskünfte über personenbezogene Daten oder Ihre Bankinformationen.

▶ **Schalten Sie smarte Lautsprecher,** die neudeutschen Smart Speaker wie etwa Alexa, bei Nichtgebrauch ab.

▶ **Aktivieren Sie** in sozialen Netzwerken die Privatsphäre-Einstellung.

▶ **Lehnen Sie** Freundschaftsanfragen von Unbekannten ab.

▶ **Öffnen Sie keine Anhänge in E-Mails,** dessen Absender Sie nicht ganz genau kennen.

▶ **Wenn Sie sich unsicher sind,** ob eine Mahnung oder die Anfrage Ihrer Bank echt sein könnte, kopieren Sie den Betreff oder Textteile und suchen Sie die Passage mit einer Suchmaschine wie Google oder Bing. Oft entdecken Sie so, dass auch schon andere vor Ihnen diese E-Mail bekommen haben – es also ein Betrugsversuch ist.

▶ **Löschen Sie E-Mails mit Betrugsversuchen** und markieren Sie sie als Spam. Machen Sie sich nicht die Mühe, mit dem Absender ins Gespräch zu kommen (falls es überhaupt ein Mensch ist).

**Sie werden feststellen:** Wenn Sie einige Sicherheitsvorkehrungen treffen und die wichtigsten Vorsichtsmaßnahmen berücksichtigen, ist der Umstieg auf das Onlinebanking auch in Bezug auf die Sicherheit eine gute Wahl (siehe dazu auch das Special „Datensicherheit" auf www.test.de).

# Ihr Einstieg ins Onlinebanking

Inzwischen kennen Sie die Sicherheitsrisiken des Onlinebankings und wissen um geeignete Gegenmaßnahmen. Nun möchten Sie Ihr Konto freischalten und erste Bankgeschäfte online tätigen? Vielleicht ist da ein reines Onlinekonto hilfreich? Wir unterstützen Sie mit nützlichen Hintergrundinformationen, hilfreichen Tipps und Schritt-für-Schritt-Anleitungen, damit Ihr Einstieg ins Onlinebanking entspannt gelingt.

# Das Konto online verwalten

**Keine Frage:** Ihr Girokonto für das Onlinebanking freischalten zu lassen ist einfacher, als ein neues Konto zu eröffnen. Es ist auch einfacher als der Wechsel zu einem günstigeren Kontomodell bei derselben Bank. Dies sollte Sie jedoch nicht davon abhalten, die Preise und Konditionen Ihres Kontos genauer unter die Lupe zu nehmen.

Sind Sie sicher, dass Ihr Kontomodell auch zu Ihren persönlichen Bedürfnissen passt? Kennen Sie die Höhe der laufenden Kosten? Welche zusätzlichen Gebühren drohen, wenn Sie auf gewisse Dienstleistungen nicht verzichten möchten?

Geben Sie für Ihr Girokonto nach Umstellung auf Onlinebanking ohne Einrechnung der Kosten für eine Kreditkarte mehr als 60 Euro pro Jahr aus, rät Finanztest, die Kosten der einzelnen Positionen zu überprüfen. Meist lohnt ein Wechsel des Kontomodells, bisweilen empfiehlt sich gar ein Bankwechsel. Auch wenn damit ein gewisser Aufwand verbunden ist, hört es sich anstrengender an, als es ist (siehe den Abschnitt „Der Kontowechsel", Seite 47).

Alternativ können Sie bei einer anderen Bank ein weiteres Konto eröffnen. Bei Direktbanken lässt sich dies meist bequem per Internet bewerkstelligen. Einige Anbieter haben inzwischen auch ein reines Smartphone-Konto im Angebot. Näheres über dessen Vorteile, für wen es sich eignet und worauf es sich zu achten lohnt, erfahren Sie im dritten Kapitel ab Seite 76.

**Zu teures Onlinekonto:** Sie haben vor, Ihre Bankgeschäfte künftig online zu nutzen und müssten einschließlich monatlicher Grundgebühr, Girocard und Onlinebuchungen mehr als 60 Euro im Jahr bezahlen? Prüfen Sie, ob Ihre Hausbank ein Ihren Bedürfnissen entsprechendes, günstigeres Kontomodell anbietet. Wechseln Sie im Bedarfsfall mit dem Konto die Bank.

### Was erwarten Sie von „Ihrem" Onlinekonto?

Priorität besitzt die Feststellung, worauf Sie bei einem online geführten Girokonto besonderen Wert legen. Folgende Checkliste zeigt Ihnen, welche grundlegenden Fragen Sie vor der Freischaltung Ihres Girokontos für sich zufriedenstellend beantworten sollten:

► **Wie hoch** ist der monatliche Grundpreis?

► **Wie viel kostet** die Girocard?

► **Gibt es** ein kostenloses Onlinebanking-Verfahren mit hoher Sicherheit?

► **Sind Onlineüberweisungen** per PC oder mobilem Gerät kostenfrei?

► **Haben Sie** einen persönlichen Ansprechpartner?

► **Welche Art** von Hilfestellung erhalten Sie im Bedarfsfall kostenlos?

► **Welche Kosten entstehen,** wenn Sie eine Überweisung per Telefon mit einem echten Menschen statt über einen Automaten vornehmen möchten?

► **Wie viel kostet** eine Echtzeit-Überweisung?

► **Entstehen Ihnen Zusatzkosten,** wenn Sie ein Selbstbedienungsterminal Ihrer Hausbank nutzen?

► **Sind die Buchungen** für beispielsweise Lastschriften, Gutschriften, Daueraufträge oder für Zahlungen im Handel per Girocard kostenfrei?

▶ **Falls Sie doch einmal** eine Überweisung per Beleg tätigen müssen: Ist die Höhe der Kosten dafür akzeptabel?

▶ **An wie vielen** Automaten können Sie bundesweit mit Ihrer Girocard kostenfrei Geld abheben?

▶ **Wie hoch** ist der Dispokredit (eingeräumte Überziehung)?

Vermutlich haben Sie einigen der Fragen mehr Interesse gewidmet als anderen. Vielleicht sind Ihnen weitere Fragen eingefallen. In jedem Fall dürften Sie schon bei der Suche nach Antworten ein gutes Gefühl für Ihre Bedürfnisse bekommen haben.

### → Die Debitkarte

Der Fachbegriff für Ihre Girocard lautet „Debitkarte". Es handelt sich um die in der gesamten EU geltende Bezeichnung der Zahlungskarte zu Ihrem Girokonto. Bis 2001 hieß sie Electronic-Cash-Karte, kurz ec-Karte. Anfang 2008 endeten die Nutzungsrechte am blau-roten ec-Logo. Seitdem findet sich auf allen deutschen Karten das Girocard-Logo beziehungsweise der Name „girocard". Zahlungen mit einer Girocard werden umgehend in voller Höhe vom Konto abgebucht.

### Unterstützung bei der Kontowahl

Je nach den Konditionen Ihrer Hausbank kann die Freischaltung Ihres Girokontos für die Onlinenutzung durchaus die beste Lösung sein. Eventuell empfiehlt sich auch der Wechsel innerhalb Ihrer Bank zu einem günstigeren Kontomodell. Falls Sie sich für ein zusätzliches, rein online geführtes Konto entscheiden, können Sie dies bei Ihrer bisherigen Bank tun oder mit dem Konto die Bank wechseln.

Um festzustellen, ob Ihr Konto Ihre Bedürfnisse auch nach der Freischaltung erfüllt, benötigen Sie einen Vergleich. Unterstützung

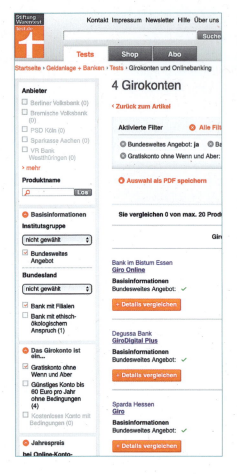

bietet zum Beispiel der Produktfinder Girokonto von der Stiftung Warentest (test.de/girokonten).

Er zeigt ausführliche und laufend aktualisierte Informationen zu etwa 300 Girokonten von 127 Banken.

Im Frühjahr 2020 finden sich immerhin 23 Gratiskonten ohne Bedingungen. Bei ihnen gibt es keinen monatlichen Grundpreis. Eine Girocard und alle Onlinebuchungen sind kostenlos. Die einzige Voraussetzung: Das Konto muss online geführt und als Gehalts- oder Rentenkonto genutzt werden.

Allerdings haben nur 14 Banken ein bundesweites Angebot. Neun von ihnen sind Direktbanken. Bei den vier Filialbanken handelt es sich um: Bank im Bistum Essen, Degussa Bank, Sparda Hessen und VR Bank Niederbayern-Oberpfalz. Ob sich eine der Filialen in Ihrer Nähe befindet, hängt von Ihrem Wohnort ab.

Weitere 25 Girokonten sind nur unter bestimmten Bedingungen kostenlos, beispielsweise ein monatlicher Mindestgeldeingang oder bei Volks- und Raiffeisenbanken der Kauf eines Genossenschaftsanteils.

Alle Anbieter haben Filialen, aber längst nicht alle ein bundesweites Angebot.

Vertreter der Sparkassen-Finanzgruppe fanden sich erst im Segment „Günstiges Konto bis 60 Euro pro Jahr und ohne Bedingungen". Ihren größten Vorteil stellen die bundesweit über 23 000 Geldautomaten zum kostenlosen Abheben von Bargeld dar.

**Kontomodelle vergleichen** Vergleichen Sie mit der Stiftung Warentest:

▶ Ermitteln Sie den *aktuellen Preis*: Betragen die Gebühren für Ihr Konto im Jahr mehr als 60 Euro, sollten Sie einen Kontowechsel in Betracht ziehen.

▶ Ergründen Sie *andere Modelle*: Wechseln Sie die Bank nicht wegen einer Prämie oder anderer kurzfristiger Vorteile. Zur Ersparnis kann auch die Nutzung von Selbstbedienungsterminals führen.

▶ Erkennen Sie Ihren *persönlichen Bedarf*: Bei der Auswahl des passenden Kontos macht es einen Unterschied, worauf Sie besonderen Wert legen. Für den einen ist es die persönliche Beratung, für den anderen ein günstiger Dispokredit. In jedem Fall sollte jedoch die Möglichkeit bestehen, jederzeit einfach und kostenlos an Bargeld zu kommen.

▶ Überprüfen Sie die *Bedingungen*: Ob ein bestimmter monatlicher Kontoeingang, der Kauf eines Genossenschaftsanteils oder gar einer Geldanlage – stellen Sie sicher, dass Sie die Bedingungen erfüllen wollen und können.

Unter test.de/kontowechselservice und test.de/girokonto kommen Sie schnell und übersichtlich zu dem für Sie passenden Kontomodell.

# Die Freischaltung

Sie haben sich entschieden, weder Ihr Kontomodell noch Ihre Bank zu wechseln. Um Ihr Konto künftig trotzdem online verwalten zu können, müssen Sie jetzt bei Ihrer Bank eine Freischaltung beantragen. Natürlich steht es Ihnen frei, dazu Ihre Filiale aufzusuchen.

Die meisten Institute ermöglichen es jedoch, den Antrag auch online zu stellen.

Einige Filialbanken fordern Sie auf, den Antrag anschließend auszudrucken und unterschrieben an die angegebene Adresse zu senden, bei anderen erfolgt die Absendung online. Anschließend meldet sich ein Mitarbeiter bei Ihnen.

Anhand dreier Beispiele zeigen wir Ihnen, wie eine Antragstellung ohne großen Aufwand über das Internet gelingt.

### Antragstellung Sparkasse

**1** Geben Sie *sparkasse.de* in die Adresszeile des Browsers ein.

**2** Klicken Sie auf *Onlinebanking*.

**3** Entweder werden Sie automatisch auf die Homepage der nächstgelegenen Filiale weitergeleitet oder Sie haben die Möglichkeit, eine Filiale auszuwählen.

**4** Lesen Sie sich insbesondere die geltenden Geschäftsbedingungen für das Onlinebanking durch.

**5** Klicken Sie auf *Onlinebanking freischalten* beziehungsweise *Onlinebanking beantragen*.

**6** Füllen Sie das Formular aus und bestätigen Sie über *Weiter*.

**7** Lesen Sie die rechtlichen und die Datenschutzhinweise.

**8** Vermutlich ist inzwischen die Zeit abgelaufen. Füllen Sie das erste Formular erneut aus und klicken Sie auf *Weiter*.

**9** Wählen Sie entweder das *chipTAN-Verfahren* mit Generator oder das kostenlose *pushTAN-Verfahren* (siehe „Onlinebanking: TAN-Verfahren", Seite 10).

**10** Bestätigen Sie, alle Hinweise gelesen zu haben, und klicken Sie auf *Weiter*.

**11** Überprüfen Sie Ihre Angaben und bestätigen Sie durch einen Klick auf *Kostenpflichtig bestellen*.

**12** Anschließend zeigt sich, ob Ihr Antrag ohne weitere Schritte bearbeitet wird oder ob Sie ihn ausdrucken und unterschrieben an Ihre Filiale senden müssen.

### Antragstellung Commerzbank

**1** Geben Sie *commerzbank.de* in die Adresszeile des Browsers ein.

**2** Überprüfen Sie, ob Sie sich auf der Homepage für Privatkunden befinden.

**3** Wählen Sie *Persönlicher Bereich*.

**4** Klicken Sie unter *Digital Banking* auf *Zugang beantragen & sperren*.

**5** Wählen Sie *Zugang beantragen*.

**6** Klicken Sie auf *Bedingungen und Informationen für das DigitalBanking*. Nehmen Sie sich ein wenig Zeit, um diese durchzulesen.

**7** Füllen Sie anschließend das Formular aus und klicken Sie auf *Weiter*.

**8** Überprüfen Sie Ihre Angaben und klicken Sie erneut auf *Weiter*.

**9** Sie sehen den ausgefüllten Antrag. Speichern Sie ihn als PDF-Datei auf Ihrem Computer.

**10** Lesen Sie den Antrag in Ruhe durch und drucken Sie ihn aus.

**11** Bestellen Sie ein Lesegerät, wenn Sie das Photo-TAN-Verfahren statt mit der kostenlosen Photo-TAN-App mit einem Lesegerät nutzen möchten (siehe „Onlinebanking: TAN-Verfahren", Seite 10).

**12** Unterschreiben Sie den Antrag und senden Sie ihn an die angegebene Adresse.

## Antragstellung Volks- und Raiffeisenbanken

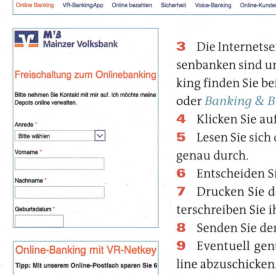

**1** Gehen Sie auf die Homepage Ihrer Volks- und Raiffeisenbank.

**2** Lesen Sie sich die AGB und Nutzungsbedingungen durch.

**3** Die Internetseiten der einzelnen Volks- und Raiffeisenbanken sind unterschiedlich aufgebaut. Onlinebanking finden Sie beispielsweise unter *Banking & Service* oder *Banking & Brokerage*.

**4** Klicken Sie auf *Jetzt beantragen*.

**5** Lesen Sie sich die vorvertraglichen Vereinbarungen genau durch.

**6** Entscheiden Sie sich für ein *TAN-Verfahren*.

**7** Drucken Sie den ausgefüllten Antrag aus und unterschreiben Sie ihn.

**8** Senden Sie den Antrag an die angegebene Adresse.

**9** Eventuell genügt es, den ausgefüllten Antrag online abzuschicken. Im Anschluss meldet sich ein Mitarbeiter bei Ihnen, um festzustellen, ob die Freischaltung vom rechtmäßigen Kontoinhaber beantragt wurde.

**10** Wahlweise haben Sie bei den Volks- und Raiffeisenbanken die Möglichkeit, eine Freischaltung mit VR-Netkey zu beantragen. Dabei handelt es sich um eine personenbezogene, von Ihrer Volks- oder Raiffeisenbank ausgegebene Kennung, der Sie nach der Erstanmeldung einen individuellen Benutzernamen (Alias) zuordnen können.

# Reine Onlinekonten

Der Vorteil einer Filialbank besteht darin, dass sie nicht nur über elektronische Kommunikationsmittel erreichbar ist, sondern auch vor Ort. In der Filiale führen die Bankmitarbeiter Ihre Aufträge aus, und wenn ein Problem auftaucht, können Sie sich meist an einen persönlichen Betreuer wenden. Der direkte Kontakt steht auch bei einer Beratung im Vordergrund. Zudem bieten viele Filialbanken am Schalter und an Automaten mit Einzahlungsfunktion die kostenlose Bargeldeinzahlung auf das eigene Konto an.

Die Nachteile sind offensichtlich: Sie müssen die Filiale aufsuchen und sind an die Öffnungszeiten gebunden. Hinzu kommt, dass gerade außerhalb der Ballungszentren Filialen in Wohnortnähe zunehmend seltener werden. Abhilfe schafft die Freischaltung Ihres Kontos zum Onlinebanking.

Oder Sie eröffnen ein reines Onlinekonto. Es wird inzwischen auch von vielen Filialbanken angeboten – mit zum Teil sehr unterschiedlichen Konditionen und Preisgestaltungen. Detaillierte Informationen finden Sie zum Beispiel unter test.de/girokonten.

In jedem Fall sollten Sie bedenken, dass bei rein online geführten Girokonten üblicherweise Zusatzkosten anfallen, wenn Sie die Dienste am Schalter einer Filiale in Anspruch nehmen. Es empfiehlt sich, auf Geldautomaten und Selbstbedienungsterminals auszuweichen. Ihre Kontoauszüge können Sie im elektronischen Postfach abrufen und als PDF auf Ihrem PC speichern, bei Bedarf ausdrucken oder einen Kontoauszugsdrucker nutzen.

### Das „direkte" Konto

Direktbanken verfügen nicht über ein eigenes Filialnetz. Wer sich mit ihnen in Verbindung setzen möchte, kann dies nur über elektronische Kommunikationsmittel – also per Telefonbanking, Fax, per PC im Internet, per App mit dem Smartphone – oder auf dem

Postweg. So sparen Direktbanken Personal- und Materialkosten, wofür sich im Gegenzug die Gebühren für den Kunden verringern. Meist bieten Direktbanken standardisierte Bankgeschäfte an. Dazu zählen neben Girokonten und Kreditkarten samt Zahlungsverkehr auch Raten- und Dispositionskredite sowie die Vermittlung von Geldanlagen und Wertpapiergeschäften.

Indem Direktbanken mindestens ein Bankgeschäft betreiben und über die notwendige Zulassung verfügen, gelten sie gemäß Kreditwesengesetz als Kreditinstitute. Sie unterliegen den damit verbundenen Pflichten und müssen ihre Einlagen durch Zugehörigkeit zu einem Einlagensicherungssystem gewährleisten.

Bei vielen Direktbanken handelt es sich um Tochtergesellschaften etablierter Banken. So ist etwa die Deutsche Kreditbank eine 100-prozentige Tochter der Bayerischen Landesbank, die Norisbank ein Tochterunternehmen der Deutschen Bank und Comdirect Bank eine Online-Tochter der Commerzbank.

### Die Kontoeröffnung

Sie entschließen sich, ein Konto bei einer anderen Bank zu eröffnen, weil Sie möglicherweise mit den Serviceleistungen Ihrer Bank oder mit der Produktpalette unzufrieden sind. Oder vielleicht hat der Vergleich der Girokonten Ihnen aufgezeigt, dass es wenig sinnvoll ist, Ihr Konto für das Onlinebanking freizuschalten. Das mag an den Kosten liegen oder an den Bedingungen.

Falls Sie nur ein Zweitkonto eröffnen möchten, beachten Sie, dass nicht selten ein regelmäßiger Geldeingang an die günstigen Konditionen geknüpft ist.

Bei vielen Kreditinstituten lässt sich ein Konto relativ unkompliziert online eröffnen:

**1**  Gehen Sie auf die Homepage der gewünschten Bank.
**2**  Klicken Sie auf *Konto eröffnen*.
**3**  Füllen Sie den Onlineantrag aus und wählen Sie Ihr künftiges TAN-Verfahren.

**4** Laden Sie die entsprechende VideoIdent-App aus dem Apple Store oder Google Play Store auf Ihr Smartphone oder Tablet.
**5** Halten Sie Ihren Personalausweis oder Reisepass bereit.
**6** Starten Sie die App.
**7** Ein Service-Mitarbeiter führt Sie per Video-Übertragung durch die Legitimation.

Je nach Bank haben Sie Ihre Zugangsdaten bereits im Antragsformular festgelegt oder Sie erhalten diese einige Tage später per Post. Der Aktivierungsbrief für das gewählte TAN-Verfahren wird separat verschickt.

### Die wichtigsten Identifikationsverfahren

Die meisten Verfahren für die rechtssichere Personenidentifikation (siehe auch Seite 6) bietet in Deutschland die Deutsche Post an. Neben dem klassischen Postident mit Ihrem Ausweisdokument in einer Postfiliale erfreuen sich moderne Verfahren wie VideoIdent per PC mit Webcam, per Notebook oder per Smartphone immer größerer Beliebtheit.

Am Beispiel von Postident zeigen wir Ihnen, wie die drei am häufigsten genutzten Identifikationsverfahren funktionieren:

### Postident durch Filiale

**1** Sie erhalten von der Bank entweder per Brief oder digital als PDF einen dynamisch erzeugten Postident-Coupon mit Ihren Daten.
**2** Suchen Sie mit dem Coupon und einem gültigen Ausweisdokument eine Postfiliale auf.
**3** Ein Mitarbeiter scannt den Coupon, macht einen Lichtbildabgleich mit Ihrem Reisepass oder Personalausweis, prüft diesen mit einem speziellen Ausweislesegerät und kontrolliert die Daten.

**4** Überprüfen Sie Ihre Daten und unterschreiben Sie auf dem Signpad.

**5** Die digitale Übermittlung der Identifikationsdaten erfolgt zeitnah an die auftraggebende Bank beziehungsweise kann von dieser über automatische Schnittstellen heruntergeladen werden.

## Postident durch Videochat per PC

**1** Halten Sie Ihren Personalausweis oder Reisepass mit holografischen Merkmalen sowie Ihr Mobiltelefon bereit.

**2** Wählen Sie *Identifizieren mit Postid*.

**3** Vervollständigen Sie Ihre persönlichen Daten, nachdem Sie auf das Postident-Portal weitergeleitet wurden.

**4** Geben Sie an, welches Ausweisdokument Sie für die Identifizierung nutzen möchten.

**5** Aktivieren Sie Ihre Webcam und stimmen Sie einer Nutzung durch den Browser zu.

**6** Testen Sie Ihr Mikrofon über den Pegelausschlag im unteren Bereich Ihres Videofensters.

**7** Ein Callcenter-Agent der Deutschen Post überprüft die holografischen Merkmale Ihres Ausweises, macht Fotos von der Vorder- und Rückseite sowie ein Porträt von Ihnen.

**8** Sind alle Daten korrekt aufgenommen, erhalten Sie eine SMS-TAN.

**9** Nach Eingabe der TAN in das entsprechende Feld wird der Identifizierungsprozess bestätigt und abgeschlossen.

**10** Die digitale Übermittlung der Identifikationsdaten erfolgt zeitnah an die auftraggebende Bank beziehungsweise kann von dieser über automatische Schnittstellen heruntergeladen werden.

**Postident durch Videochat per Smartphone oder Tablet**

**1** Wählen Sie *Identifizieren mit Postid*.

**2** Vervollständigen Sie Ihre persönlichen Daten.

**3** Tippen Sie auf *Weiter zur Identifizierung*.

**4** Wählen Sie *Postident durch Videochat per Smartphone / Tablet*.

**5** Laden Sie die *Postident-App* aus dem App Store oder bei Google Play herunter.

**6** Tragen Sie die im Browser angezeigte oder alternativ per E-Mail gesendete Vorgangsnummer ein.

**7** Starten Sie den Anruf.

**8** Ein Mitarbeiter der Deutschen Post führt Sie per Webcam durch die Identifizierung (siehe „Postident durch Videochat per PC", Punkte 7–10, Seite 46).

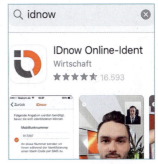

VideoIdent-Verfahren werden auch von einigen FinTech-Unternehmen angeboten. Zu den bekanntesten zählen IDnow und WebID. Das Prozedere ist im Allgemeinen dasselbe wie bei den entsprechenden Verfahren der Deutschen Post.

# Der Kontowechsel

Sie haben sich entschieden, mit dem Konto die Bank zu wechseln. Es fehlt nur noch der „Umzug". Die gute Nachricht: Viele Banken bieten von sich aus einen digitalen Kontowechsel an, mit dem sich ein Transfer der Daten relativ einfach und unkompliziert durchführen lässt. Die weniger erfreuliche Nachricht: Um in den Genuss der Vorteile eines solchen Kontowechsels zu kommen, müssen Sie bereits über Onlinebanking verfügen.

Der manuelle Kontowechsel erfordert mehr Aufwand. Führen Sie den Wechsel eigenständig durch, erwartet Sie im Großen und Ganzen folgendes Szenario:

**1** Sie eröffnen ein Konto bei der gewählten Bank.

**2** Anhand Ihrer Kontoauszüge der vorangegangenen 13 Monate identifizieren Sie alle relevanten Zahlungspartner.

**3** Sie informieren jeden einzelnen Zahlungspartner schriftlich über die geänderte Bankverbindung. Achten Sie darauf, dass Ihr Konto ausreichend gedeckt ist, sobald die automatischen Abbuchungen für Miete, Strom und Co beginnen.

**4** Sie übertragen alle Lastschriftmandate und Daueraufträge auf das neue Konto.

**5** Sie lösen Ihr bisheriges Konto auf.

**6** Während der kommenden Monate überprüfen Sie regelmäßig, ob Ihre Anweisungen ordnungsgemäß ausgeführt werden.

Es empfiehlt sich, im Internet nach kostenlosen Checklisten und Formularen wie Muster-Kündigungsschreiben zu suchen. Eine Auswahl finden Sie beispielsweise unter: modern-banking.de/konto wechsel.

### Die gesetzliche Kontowechselhilfe

Seit September 2016 sind die alte und die neue Bank gesetzlich verpflichtet, den Kunden beim Kontowechsel zu unterstützen. Nehmen Sie die gesetzliche Kontowechselhilfe in Anspruch, geschieht vereinfacht dargestellt Folgendes:

**1** Sie laden – beispielsweise auf der Internetseite der Bank oder des Bundesministeriums der Justiz und für Verbraucherschutz (BMJV) – das Formular *Ermächtigung Kontowechsel* herunter.

**2** Füllen Sie das Formular aus, um Ihrer neuen Bank eine Ermächtigung für die Anforderung aller relevanten Daten zu erteilen.

**3** Die neue Bank fordert Ihre alte Bank auf, Unterstützungsleistungen auszuführen, etwa die Übermittlung von Listen und Informationen zu Zahlungsvorgängen der vorangegangenen 13 Monate.

**4** Die alte Bank kommt der Aufforderung nach.

**5** Auf Ihren Wunsch hin richtet die neue Bank beispielsweise Daueraufträge auf Ihrem Zahlungskonto ein und informiert Ihre Zahlungsverkehrspartner über Ihre neue Kontoverbindung.

**6** Nach einem von Ihnen festgelegten Übergangszeitraum wird Ihr Konto bei der alten Bank geschlossen.

## Nützliche Leistungen beim Wechselservice

Je nachdem, welche Unterstützungsleistungen Ihre alte und Ihre neue Bank zur Verfügung stellen, kann sich der Aufwand verringern. Handelt es sich um einen Kontowechselservice im Rahmen einer Kontoeröffnung, bieten manche Filialbanken, insbesondere Sparkassen, neben der persönlichen Beratung sogar eine Betreuung bis hin zum Hausbesuch an.

Per Gesetz haben Sie nach der Kontoeröffnung, also sobald Ihnen eine IBAN zugewiesen wurde, in jedem Fall die Möglichkeit, einen Wechselservice in Anspruch zu nehmen. Von Bedeutung sind beispielsweise:

▶ **Auflistung aller Buchungen,** sortiert nach Lastschriften, Daueraufträgen und regelmäßigen Geldeingängen

▶ **Zugang zu einer Adressdatenbank,** um die Anschriften Ihrer Zahlungspartner zu ermitteln

▶ **Musteranschreiben**

Zu den relevanten Zahlungspartnern zählen unter anderem:

▶ Arbeitgeber

▶ Vermieter

- ▶ Energieversorger
- ▶ Finanzämter
- ▶ Telekommunikationsunternehmen
- ▶ Versicherungen
- ▶ Spendenorganisationen, Vereine und Institutionen
- ▶ Zeitungsverlage

**Info**

### Checkliste für den Kontowechsel:

- ▶ Welche Hilfe bietet die neue Bank hierfür?
- ▶ Füllen Sie im Bedarfsfall das Formular für die gesetzliche Kontowechselhilfe aus und ermächtigen Sie die neue Bank, alle nötigen Daten bei Ihrer alten Bank anzufordern.
- ▶ Wählen Sie anhand der Übersicht aller Buchungen der vergangenen 13 Monate aus, welche Zahlungspartner über die neue Kontoverbindung informiert werden sollen.
- ▶ Stellen Sie sicher, dass die neue Bank die Information der gewählten Zahlungspartner per Postweg übernimmt.
- ▶ Löschen Sie die Daueraufträge bei Ihrer alten Bank und richten Sie diese bei der neuen Bank wieder ein.
- ▶ Ändern Sie die Bankverbindungen bei Zahlungspartnern wie Amazon oder PayPal im Kundenprofil.
- ▶ Kontrollieren Sie den Kontowechsel, indem Sie die Liste Ihrer Zahlungspartner mit den eingegangenen Bestätigungen abgleichen; nicht alle akzeptieren die Schreiben der Bank.
- ▶ Behalten Sie das alte Konto mit etwas Guthaben für wenige Monate zur Vermeidung kostenpflichtiger Rückbuchungen.
- ▶ Frist-, form- und kostenlose Kündigung des Kontos nach Bestätigung der neuen Kontoverbindung durch alle Partner.
- ▶ Holen Sie sich rat bei der Stiftung Warentest (test.de/kontowechselservice) und vergleichen Sie die Preise und Konditionen verschiedener Girokonten: test.de/Girokonto.

# Das erste Log-in

Sie halten die Zugangsdaten in Ihren Händen und haben das für Sie passende TAN-Verfahren gewählt? Überprüfen Sie noch einmal, ob Ihr PC und Browser die aktuellen Updates haben und gegebenenfalls ob Ihr Virenscanner läuft.

Es ist verständlich, wenn Sie nervös sind. Denken Sie daran: Ihr Konto ist geschützt. Sollte es bei der Freischaltung Probleme geben, kontaktieren Sie Ihre Bank – per Telefon, Live-Chat oder E-Mail.

Gleich vorweg: Sehr praktische erste Versuche lassen sich mit einem Demokonto unternehmen. So können Sie alle Funktionen ausprobieren, ohne Angst haben zu müssen, das Konto mit irreversiblen Fehleinstellungen auszustatten oder versehentlich den Zugang zu sperren.

Andererseits: Die Wahrscheinlichkeit ist gering, dass einer dieser Fälle eintritt. Insofern steht es Ihnen frei, sich auch ganz unbedarft Ihrem Onlinekonto und seinen Funktionen zu widmen.

Im Großen und Ganzen gestaltet sich die erste Anmeldung bei den meisten Kreditinstituten ähnlich.

**1**  Schalten Sie zuerst Ihr TAN-Verfahren frei, indem Sie die entsprechende App auf Ihr Smartphone laden oder Ihren TAN-Generator konfigurieren (siehe „Onlinebanking: TAN-Verfahren", Seite 10).

**2**  Gehen Sie auf die Homepage Ihrer Bank.

**3**  Geben Sie in die entsprechenden Felder Ihren Benutzer- beziehungsweise Anmeldenamen oder Ihre Teilnehmernummer sowie Ihre PIN beziehungsweise das per Post zugesandte Einmalkennwort ein.

**4**  Klicken Sie auf *Log-in* oder *Anmelden*.

**5**  Folgen Sie der Aufforderung, eine neue *PIN* einzugeben.

**6**  Bestätigen Sie die neue PIN mit einer *TAN*.

Bei den Volks- und Raiffeisenbanken finden Sie die Eingabefelder beispielsweise unter *Login > Login Konto / Depot* oder *Login > eBanking für Privatkunden*.

Bei der Postbank müssen Sie in der oberen Leiste ein *Schlüsselschloss* anklicken. Anschließend geben Sie erst Ihre Postbank ID, dann Ihr *Passwort* und zuletzt eine gültige *TAN* ein.

Nachdem Sie sich erfolgreich angemeldet haben, können Sie alle Funktionen Ihres Onlinekontos erkunden. Stellen Sie fest, dass Sie plötzlich ausgeloggt wurden, ist das kein Grund zur Besorgnis. Aus Sicherheitsgründen erfolgt bei Inaktivität meist nach fünf bis zehn Minuten eine automatische Abmeldung. Sie müssen sich dann erneut einloggen. Der Vorgang ist stets derselbe: Sie geben Ihre Zugangsdaten ein und bestätigen diese mit einer gültigen TAN.

Nachfolgend zeigen wir Ihnen, was Sie von den wichtigsten Funktionen erwarten können und wie sich diese nutzen lassen.

Wer sich über weitere Möglichkeiten informieren möchte oder an-

schauliche Beschreibungen wünscht, findet im Internet zahlreiche Videos, die den Einstieg in die Welt des Onlinebankings erleichtern. So stellen viele öffentliche und private Kreditinstitute auf ihren Webseiten leicht verständliche Einführungen zur Verfügung, aber auch auf YouTube werden Sie sicher schnell fündig.

Zudem lassen sich auf den Internetseiten vieler Institute Videobeiträge über die verschiedenen Banking-Services ansehen und diverse Anleitungen per Download herunterladen oder gleich direkt ausdrucken.

### Die Startseite

Die Benutzeroberfläche für das Onlinebanking kann von Institut zu Institut sehr unterschiedlich gestaltet sein. In der Regel lässt sie sich jedoch intuitiv bedienen und erfordert keine speziellen Vorkenntnisse.

Melden Sie sich an über eine Schaltfläche wie *Login*, *Kundenlogin*, *persönlicher Bereich*, *Anmelden* oder ähnliches. Sobald Sie sich erfolgreich angemeldet haben, befinden Sie sich auf Ihrer Startseite. Die Darstellung reicht von schlicht und zweckmäßig bis zu aufwendig und vielfältig.

Zu den angezeigten Elementen können zum Beispiel eine Umsatz- und Finanzübersicht in Form von Grafiken oder Tabellen, eine Analyse Ihrer Einnahmen und Ausgaben sowie Links zu häufig genutzten Funktionen und die eine oder andere Eigenwerbung zählen.

Die wichtigsten Funktionen wie etwa *Postfach*, Überweisung und *Umsatzanzeige* lassen sich meist per Link direkt anwählen.

Einige Banken bieten zu den verschiedenen Themen und Produkten zusätzliche Informationen. Beispielsweise ist bei der Commerzbank den einzelnen Sparten wie zum Beispiel *Konten & Karten*, *Sparen & Anlegen* oder *Kredit & Finanzierung* jeweils eine Rubrik *Wissen* zugeordnet, in der unter anderem Sachverhalte näher dargestellt und häufige Fragen beantwortet werden.

Info

**Personalisieren der Startseite:** Sie möchten nach der Anmeldung sofort Ihre letzten Kontoumsätze sehen? Oder lieber einen aktuellen Marktüberblick? Viele Kreditinstitute ermöglichen eine Personalisierung der Startseite, allerdings mit unterschiedlich umfangreicher Auswahl. Drei Beispiele:

**Sparkassen:** *Service > Persönliche Einstellungen*. Unter *Favoriten* können Sie aus einer langen Liste bis zu sechs Funktionen für den Bereich *Wichtige Funktionen* auf Ihrer Startseite auswählen.

**Volks- und Raiffeisenbanken:** *Service > My eBanking > Individuelle Startseite festlegen*. Zur Auswahl stehen drei Funktionen und der Finanzstatus.

**Commerzbank:** Klicken Sie auf der Startseite auf *Elemente hinzufügen*. Die Standardinformationen zu Ihren Finanzen und Konten können unter anderem durch *Nachrichten*, *Analysen & Empfehlungen* sowie einen *Marktüberblick* ergänzt werden.

### Das elektronische Postfach

Auf Ihr elektronisches Postfach haben Sie von fast allen Startseiten einen direkten Zugriff. Klicken Sie entweder auf *Postfach* oder das *Briefumschlag*-Symbol.

Um das Postfach nutzen zu können, müssen Sie es zuvor eventuell aktivieren sowie Konten und Verträge freischalten. Angezeigt werden neben Nachrichten und Mitteilungen je nach Freischaltung zum Beispiel Kontoauszüge und Umsatzabrechnungen Ihrer Kreditkarte sowie Wertpapier- und Versicherungsdokumente.

Meist gibt es eine Suchfunktion, die es ermöglicht, die Nachrichten zu filtern, beispielsweise nach Namen, Typ oder Datum.

In vielen Fällen besteht zudem die Möglichkeit, einen individuellen Zeitraumfilter festzulegen. So bestimmen Sie, welcher Zeitraum beim Öffnen des Postfachs geladen werden soll. Abgesehen von Monatsauszügen lassen sich vielerorts auch Tages-, Wochen- und Jahreskontoauszüge anzeigen.

Einige Institute bieten überdies einen individuellen Benachrichtigungsservice an. Nutzen Sie ihn, wenn Sie bei bestimmten Dokumenten eine Benachrichtigung per E-Mail wünschen.

## Umsätze filtern

Im Rahmen des Onlinebankings können Sie Ihre Umsätze nicht nur ansehen, sondern obendrein filtern. Das ist sehr praktisch, wenn ein Empfänger vorgibt, kein Geld erhalten zu haben: Filtern Sie einfach nach der Person, um zu sehen, ob und wann Sie überwiesen haben. Eventuell stellen Sie bei Durchsicht Ihrer Umsätze auch fest, dass Ihre vermeintliche Zahlung versehentlich auf einem anderen Konto landete.

Vereinfacht wird die Suche durch verschiedene Funktionen. So können Sie etwa den Zeitraum individuell anpassen oder eine Suche nach Umsatzart (Gutschriften und Abbuchungen), Name, Betrag oder Zeitraum durchführen.

Informationen über eine Abbuchung oder Gutschrift erhalten Sie üblicherweise durch einen Klick auf *Details* oder direkt auf die Buchung.

## Drittdienstleister verwalten

Aufgrund der überarbeiteten Zahlungsdienstrichtlinie (PSD2) können Sie Drittdienstleiter bequem per Onlinebanking verwalten.

Hierunter fallen zum einen Zahlungsauslösedienste wie Onlinebezahldienste (à la PayPal oder Amazon Pay), die es Ihnen beispielsweise ersparen, sich für die Bezahlung eines Onlineeinkaufes extra in Ihr Onlinebanking einzuloggen. Zum anderen handelt es sich um Kontoinformationsdienste, über die Sie sich etwa die Kontoinformationen Ihrer Zahlungskonten bei verschiedenen Banken in aufbereiteter Form anzeigen lassen können. Davon abgesehen werden Kontoinformationsdienste auch eingesetzt, um zu prüfen, ob Ihr Konto eine ausreichende Deckung zum Beispiel für eine Kreditgewährung aufweist.

Um den Service dieser Dienste zu nutzen, müssen Sie einem Drittanbieter die Erlaubnis geben und den Zugang zu Ihrem Konto gewähren. Sie berechtigen ihn dazu, Ihre Kontozugangsdaten wie etwa PIN und TAN abzufragen. Über Ihr Onlinebanking können Sie dann feststellen, wann von einem Berechtigten Informationen abgerufen wurden. Bei Bedarf lassen sich weitere Kontozugriffe widerrufen.

Banken wie die ING setzen hingegen auf PSD2-konforme Schnittstellen. Sie erfordern entweder eine Zwei-Faktor-Authentifizierung vonseiten des Kunden oder eine BaFin-Zulassung (Bundesanstalt für Finanzdienstleistungsaufsicht) vom Drittanbieter.

# Überweisung und Dauerauftrag

Zu den vermutlich häufigsten Anwendungen beim Onlinebanking zählt die Überweisung. Im Grunde ist das Prozedere bei fast allen Banken dasselbe. Der Unterschied betrifft im Großen und Ganzen das TAN-Verfahren.

Beispielhaft zeigen wir Ihnen, wie eine Onlineüberweisung bei der Direktbank ING mit der AppTAN und bei der Commerzbank mit der photoTAN funktioniert. Die ersten zwei Schritte sind bei beiden identisch:

**1** Halten Sie Ihre Zugangsdaten und Ihr Smartphone bereit.

**2** Gehen Sie mit Ihrem PC online und öffnen Sie die Homepage Ihrer Bank.

## Log-in mit AppTAN

**1** Klicken Sie auf *Log-in Banking*.

**2** Geben Sie Ihre *Zugangsnummer* und *Internetbanking-PIN* ein.

**3** Klicken Sie auf *Log-in*.

**4** Tragen Sie die geforderten Zahlen Ihres *DiBa Keys* in die beiden leeren Felder ein.

**5** Öffnen Sie die ING-Banking-to-go-App auf Ihrem Smartphone.

**6** Bestätigen Sie die Anmeldung zum Internet-Banking per mobile PIN und/oder Fingerabdruck.

**7** Kehren Sie zurück zum Onlinebanking auf Ihrem PC.

## Überweisung mit AppTAN

Nach der Anmeldung befinden Sie sich bei der ING üblicherweise im Bereich *Meine Konten*. Wenn Sie auf *Überweisung* klicken, öffnet sich eine Eingabemaske.

**1** Geben Sie die Überweisungsdaten ein und wählen Sie das Datum der Ausführung.

**2** Klicken Sie auf *Übernehmen*.

**3** Öffnen Sie erneut die ING-Banking-to-go-App auf Ihrem Smartphone.

**4** Lesen Sie sich die Auftragsdaten durch.

**5** Tippen Sie auf *Ausführen*.

**6** Bestätigen Sie den Auftrag per mobile PIN oder Fingerabdruck.

**7** Gehen Sie zurück zum Onlinebanking auf dem PC.

**8** Schließen Sie die App auf dem Smartphone.

### Log-in mit photoTAN

**1** Geben Sie in der oberen Leiste Ihren *Benutzernamen* beziehungsweise Ihre *Teilnehmernummer* und Ihre *PIN* ein.

**2** Öffnen Sie die photoTAN-App der Commerzbank auf Ihrem Smartphone.

**3** Scannen Sie die photoTAN-Grafik.

**4** Geben Sie die siebenstellige Zahlenfolge (photoTAN) auf Ihrem PC in das entsprechende Feld ein.

### Überweisung mit photoTAN

Bei der Commerzbank befinden Sie sich nach der Anmeldung in der Regel auf Ihrer persönlichen Kundenseite. Klicken Sie nun auf *Persönlicher Bereich > Überweisung*. Es öffnet sich eine Eingabemaske.

**1** Geben Sie die Überweisungsdaten ein und wählen Sie das Datum der Ausführung.

**2** Klicken Sie auf *Weiter*.

**3** Öffnen Sie erneut die photoTAN-App auf Ihrem Smartphone.

**4** Scannen Sie die Grafik auf Ihrem PC.

**5** Lesen Sie sich die Auftragsdaten durch.

**6** Geben Sie die in der App auf dem Smartphone erscheinende *photoTAN* im Onlinebanking auf dem PC in das Feld ein.

**7**  Klicken Sie auf *Freigeben*.

**8**  Schließen Sie die App auf dem Smartphone.

→ ## Überweisung mit TAN-Generator

Sie haben einen TAN-Generator? Perfekt. Er verspricht die größtmögliche Sicherheit beim Onlinebanking. Ob bei der Anmeldung oder bei Bestätigungen – der einzige Unterschied besteht darin, dass Sie die TAN statt über das Smartphone über den Generator erzeugen (siehe auch „Onlinebanking: TAN-Verfahren", Seite 10).

### Überweisungsvorlagen erstellen

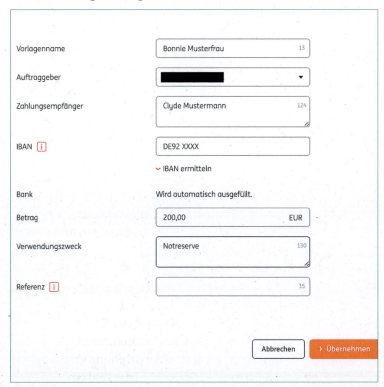

| | |
|---|---|
| Vorlagenname | Bonnie Musterfrau  13 |
| Auftraggeber | ▬▬▬▬▬ ▼ |
| Zahlungsempfänger | Clyde Mustermann  124 |
| IBAN [i] | DE92 XXXX |
| | ⌄ IBAN ermitteln |
| Bank | Wird automatisch ausgefüllt. |
| Betrag | 200,00  EUR |
| Verwendungszweck | Notreserve  130 |
| Referenz [i] | 35 |

Abbrechen  › Übernehmen

Manche Empfänger von Überweisungen tauchen immer wieder auf. Ärzte sind so ein Fall, der Heizungs- und Sanitärfachmann, vermutlich der eine oder andere Onlineshop, sofern er die Zahlmethode „Rechnung" anbietet.

Bei vielen Kreditinstituten verläuft die Erstellung einer Vorlage ähnlich:

**1** Führen Sie zuerst die Überweisung durch (siehe „Überweisung und Dauerauftrag", Seite 56).

**2** Klicken Sie nach der Freigabe beispielsweise auf *Als Vorlage speichern*.

**3** Geben Sie der Vorlage einen Namen.

**4** Klicken Sie auf *Übernehmen*.

Bei der nächsten Überweisung an einen in der Vorlage gespeicherten Empfänger klicken Sie in das sich üblicherweise gleich am Anfang der Überweisungsmaske befindliche freie Feld. Es öffnet sich ein Reiter mit der Liste aller gespeicherten Kontakte:

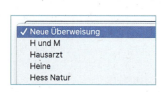

**1** Wählen Sie den gewünschten Empfänger.

**2** Tragen Sie den neuen Betrag ein.

**3** Aktualisieren Sie ggf. den Verwendungszweck.

Nicht bei allen Banken ist die Erstellung einer Vorlage notwendig. So werden die Kontodaten etwa im Onlinebanking der Commerzbank bei einer erstmaligen Überweisung an einen neuen Zahlungsempfänger automatisch in Ihre Kontakte aufgenommen. Ein separates Abspeichern als Vorlage ist nicht mehr notwendig. Um die Vorlage zu nutzen, klicken Sie auf das *Symbol rechts neben dem Feld Empfängername*. Es erscheint eine alphabetisch geordnete Liste, aus der Sie den gewünschten Empfänger wählen.

### Einrichten eines Dauerauftrags

Daueraufträge lassen sich im Großen und Ganzen auf dieselbe Art einrichten. Der einzige Unterschied:

In die Maske zur Erfassung der Überweisungsdaten geben Sie zusätzlich den Kalendertag für die erste und die letzte Ausführung ein sowie in welchem Zeitintervall (Turnus) die Überweisungen stattfinden sollen. Anschließend autorisieren Sie den Auftrag mit einer gültigen TAN.

## Weitere Funktionen

In Ihrem Onlinebanking haben Sie auch Zugriff auf Ihre *Einstellungen*. So können Sie zum Beispiel:

- ▶ **Das Überweisungslimit** an Ihre Bedürfnisse anpassen
- ▶ **Weitere Karten freischalten**
- ▶ **Ihren Zugang sperren**
- ▶ **Zugangs-PIN** und Benutzername ändern
- ▶ **Ihre persönlichen Daten** und TAN-Einstellungen verwalten
- ▶ **Saldenbestätigungen** anfordern
- ▶ **Die Höhe des Freistellungsbetrags** ändern

Jede Änderung beziehungsweise jeden Auftrag müssen Sie mit einer gültigen *TAN* bestätigen. Diese und weitere nützliche Funktionen finden Sie je nach Bank beispielsweise in den Bereichen *Service(s)*, *Sicherheit*, *Einstellungen* oder auch durch den Klick auf ein *Zahnrad*-Symbol.

# Das digitale Haushaltsbuch

Viele Anbieter von Onlinebanking ermöglichen inzwischen die Führung eines digitalen Haushaltsbuches. Bei der Deutschen Bank

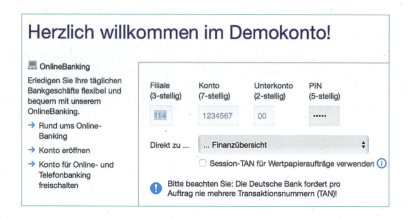

nennt sich das digitale Haushaltsbuch FinanzPlaner. Nutzen Sie das Demokonto, um den Planer auszuprobieren.

### Beispiel Deutsche Bank: FinanzPlaner

**1** Gehen Sie auf *secure.deutsche-bank.de*. Die Login-Daten sind bereits ausgefüllt.

**2** Klicken Sie auf *Demokonto starten*.

**3** Wählen Sie auf dem Display des abgebildeten Smartphones *photoTAN scannen*.

**4** Klicken Sie auf das Smartphone und ziehen Sie es mit gedrückter Taste auf die Grafik, dann erscheint ein *Code*.

**5** Geben Sie diesen in das nebenstehende Feld ein.

**6** Klicken Sie auf *Login ausführen*. Sie befinden sich nun auf der Startseite und sehen Ihre fiktive Finanzübersicht.

**7** Wählen Sie in der oberen Leiste *Planer*.

## FinanzPlaner: Ausgaben im Überblick

Zu den wichtigsten Funktionen des FinanzPlaners zählen der Überblick über Einnahmen und Ausgaben sowie deren Analyse. Zudem kann er Ihnen bei der Ausgabenplanung helfen. Im Rahmen der Analyse werden die Ausgaben verschiedenen zuvor festgelegten Kategorien zugeordnet. Zu den üblichen zählen:

► Lebenshaltung

► Wohnen

► Versicherungen

► Sparen und Anlegen

► Beruf und Bildung

► Freizeit und Reise

## FinanzPlaner: Ausgaben in Kategorien

Hinzu kommt eine Kategorie für sonstige Ausgaben und eine weitere, in der sich all jene Posten finden, die nicht zuzuordnen sind. Die Übersicht kann als Tortengrafik, als Blasen-, Balken- oder Säulendiagramm erfolgen.

Eine Liste zeigt die Transaktionsdetails. Falsche Zuordnungen lassen sich wie folgt korrigieren:

**1** Klicken Sie in der Spalte *Kategorie* auf die Zuordnung, so öffnet sich ein Fenster.

**2** Wählen Sie die passende Zuordnung, beispielsweise *Mobilität*. Es öffnet sich ein weiteres Fenster mit Unterkategorien, bei *Mobilität* etwa *Fahrrad* oder *Öffentliche Verkehrsmittel*.

**3** Klicken Sie auf die Ihrer Ausgabe entsprechende Bezeichnung oder erstellen Sie eine neue Unterkategorie. Es öffnet sich das Feld *Regel erstellen*.

**4** Geben Sie den *Auftraggeber* oder *Empfänger* und den *Verwendungszweck* an.

**5** Um den Vorgang abzuschließen wählen Sie entweder *Einmal anwenden* oder *Regel erstellen*. Im zweiten Fall ordnet die erstellte Regel künftig all jene Umsätze der Kategorie zu, bei denen die gewählten Bedingungen zutreffen.

## Beispiel Volks- und Raiffeisenbanken: Finanzmanager

Bei den Volks- und Raiffeisenbanken heißt das digitale Haushaltsbuch *Finanzmanager*.

Mit ihm können Sie als Onlinekunde Ihre persönlichen Finanzen verwalten.

**1** Melden Sie sich in Ihrem Onlinebanking an.

**2** Klicken Sie auf *Finanzmanager*.

**3** Bestätigen Sie die Nutzungsbedingungen mit einer gültigen TAN.

Nun müssen Sie sich ungefähr 24 Stunden gedulden. Nach erfolgter Freischaltung sehen Sie im Bereich *Banking* unter *Finanzmanager* bereits eine Übersicht Ihrer Umsätze und wie sich die Einnahmen und Ausgaben auf die unterschiedlichen Kategorien verteilen.

In vielerlei Hinsicht ähnelt der Finanzmanager dem FinanzPlaner der Deutschen Bank. Auch er ordnet die Umsätze automatisch Kategorien zu und bereitet sie grafisch auf. Einzelne Beträge können gesplittet und entsprechend ihrer tatsächlichen Verwendung unterschiedlich kategorisiert werden.

### Monatsansicht im Finanzkalender

Zudem besteht die Möglichkeit, die Umsätze als Tages-, Wochen- oder Monatsansicht im Finanzkalender anzuzeigen.

Auf diese Art lassen sich Mehrausgaben erkennen und Einsparungspotenziale aufdecken. Außerdem können Sie persönliche Limits für die einzelnen Kategorien definieren. Werden diese erreicht, erhalten Sie auf Wunsch eine Benachrichtigung.

Die Sparkassen stellen ihren Kunden im Onlinebanking kein Haushaltsbuch zur Verfügung. Online gibt es kostenlose Web-Budgetplaner. Die Beträge müssen Sie dort jedoch manuell eingeben und zuordnen.

Die Stiftung Warentest bietet Ihnen im Ratgeber „Das Spar-Set" nicht nur ein Haushaltsbuch mit selbstrechnenden PDFs zum kostenlosen Download, sondern auch eine Anleitung, wie Sie kleine und große Geldfresser im Alltag aufspüren, beseitigen und dadurch sparen (siehe test.de/spar-set).

# Smartes
# Mobile-Banking

Immer mehr Bankkunden erledigen ihre Geldgeschäfte über das Smartphone und nutzen
Mobile Payment für das kontaktlose Bezahlen
am Kassenterminal in Einzelhandelsgeschäften.
Steigender Beliebtheit erfreuen sich zudem
reine Smartphone-Konten. Wir zeigen Ihnen,
welche Sicherheitsvorkehrungen unverzichtbar
sind, was Sie von einem App-Konto erwarten
dürfen und worauf Sie bei einer Bezahl-App
achten sollten.

# Onlinebanking per App

**Das Onlinebanking bezieht sich** im Allgemeinen auf die Anmeldung über den Internetbrowser bei Ihrer Bank mittels PC oder Tablet. Das Mobile- und demzufolge auch das Smartphone-Banking erfolgt hingegen in der Regel über eine spezielle Banking-App. Dieses kleine Programm können Sie über einen offiziellen App Store oder direkt von der Seite Ihrer Bank herunterladen.

Gerade junge Bankkunden lassen sich kaum noch für das klassische Onlinebanking begeistern. Sie nutzen vorzugsweise das Mobile-Banking: mit dem Smartphone in das Konto einloggen und neben den üblichen Anwendungen obendrein das Plus der Banking-Apps genießen.

Über das Smartphone lassen sich nicht nur die Kontoumsätze abfragen. Sie haben auch die Möglichkeit, Geld zu überweisen, Rechnungen zu bezahlen und viele andere Finanzdienstleistungen in Anspruch zu nehmen.

Beispielsweise können Sie dank Mobile Payment vielerorts Ihre Geldbörse einfach zu Hause lassen. An den meisten Ladenkassen benötigen Sie weder Bargeld noch Giro- oder Kreditkarte. Eine geeignete Bezahl-App auf dem Handy genügt. Selbst auf Ihre Bonuskarten müssen Sie nicht verzichten, wenn Sie diese zuvor in Ihrer mobilen Wallet (englisch für „Brieftasche") gespeichert haben.

Immer beliebter werden auch reine Smartphone-Konten. Von der Eröffnung über die Kontoführung bis hin zum Bankauftrag – Sie können alles mit Ihrem Smartphone erledigen: Statt über den Browser erfolgt der Zugang per App.

### Fragen zur Sicherheit

Können Mobile Payment und Smartphone-Banking denn überhaupt sicher sein, fragen Sie sich? Keine Sorge: Mobile-Banking gilt als ebenso sicher wie Onlinebanking auf dem PC. Und Mobile Payment ist durch Tokenization sogar sicherer als die klassische Kartenzahlung (siehe „Tokenization", Seite 87). In der Untersuchung von 38 Banking-Apps gab es Entwarnung im Punkt Sicherheit vor Betrug und dem Zugriff Fremder (Finanztest 6/2020).

Aufgrund ihrer Struktur sind mobile Betriebssysteme wie Android und iOS sogar weniger angreifbar als PC-Systeme. Für den bestmöglichen Schutz bedarf es natürlich Ihrer Mitwirkung. Wir haben für Sie die wichtigsten Vorkehrungen und Verhaltensregeln zusammengefasst. Je nach Nutzerverhalten kann zudem gerade bei Android-Handys eine zusätzliche Sicherheitssoftware sinnvoll sein (siehe „Sicherheitssoftware", Seiten 27 und 73).

Außerdem zeigen wir Ihnen, wie Sie ganz unkompliziert ein Smartphone-Konto eröffnen können und welche Anbieter besonders geeignet sind.

→ **Was ist eine Wallet?**

Bei einer Wallet handelt es sich um eine elektronische (Geld-)Börse. Die Wallet-App speichert Geldbeträge auf Ihrem mobilen Gerät entweder direkt oder gewährt hierüber den Zugang zu einem online geführten Zahlungskonto. Darüber hinaus lassen sich verschiedenste Kundenkarten und schon bezahlte Tickets in die Wallet übernehmen.

# Sicherheitsvorkehrungen

Ihr Mobiltelefon können Sie per PIN, Code, Kennwort oder – nur bei Android – per Muster vor dem Zugriff anderer schützen. Sperren durch biometrische Daten wie Fingerabdruck und Gesichtserkennung (Android) bzw. Face ID (iPhone) lassen sich hingegen auf Wunsch umleiten auf PIN oder Kennwort.

### → Was ist das Entsperrmuster?

Sind Sie im Besitz eines Android-Gerätes, können Sie die Display-Sperre Ihres Handys auch mit einem Muster aufheben. Dazu verbinden Sie möglichst kreativ und komplex eine Reihe von Punkten. Um das Muster zur Entsperrung festzulegen, wählen Sie **Einstellungen > Gerätesicherheit > Sperrbildschirm > Muster**. Zeichnen Sie Ihr persönliches Muster. Tippen Sie auf **Weiter**, wiederholen Sie das Muster und bestätigen Sie die Eingabe.

In keinem Fall sollten Sie Ihr Smartphone für das Onlinebanking nutzen oder Banking-Apps von Drittanbietern installieren, bevor Sie es abgesichert haben – wenn möglich mit einem biometrischen Merkmal. Wir stellen Ihnen die gängigsten Methoden vor, damit Sie Ihr Smartphone mit dem besten Schutz vor unbefugten Zugriffen auf Ihre persönlichen Daten ausstatten können.

### So schützen Sie Ihr iPhone 8 (oder älter)

Wählen Sie *Einstellungen > Touch ID & Code > Code aktivieren*. Geben Sie nun Ihren gewünschten *sechsstelligen Nummerncode* ein.
Alternativ können Sie über die Code-Optionen die Anzahl der Stellen verändern oder auch zu einem alphanumerischen Code wechseln. Geben Sie anschließend

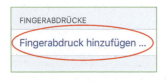

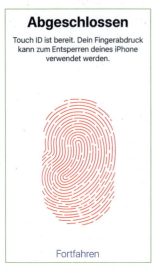

den *Code* erneut ein, um ihn zu bestätigen und zu aktivieren.

Richten Sie auf dem iPhone zusätzlich *Touch ID* ein: *Einstellungen > Touch ID & Code > Fingerabdruck hinzufügen*:

**1** Legen (nicht drücken!) Sie Ihren Finger wiederholt auf den Home-Button, bis die Aufforderung *Fingerposition ändern* erscheint.

**2** Tippen Sie auf *Fortfahren*.

**3** Legen Sie denselben Finger erneut mehrmals auf den Home-Button, um den Rand Ihrer Fingerkuppen zu erfassen.

**4** Ist der Vorgang abgeschlossen, tippen Sie auf *Fortfahren*.

### So schützen Sie Ihr iPhone X (oder neuer)

Hier legen Sie eine *Face ID* fest: *Einstellungen > Face ID & Code > Face ID konfigurieren*.

**1** Halten Sie das Gerät etwa 30 Zentimeter von Ihrem Gesicht entfernt.

**2** Tippen Sie auf *Los geht's*.

**3** Blicken Sie direkt in die Kamera und drehen Sie langsam Ihren Kopf, damit Ihr Gesicht von oben, unten, rechts und links erfasst werden kann. Achten Sie darauf, dass sich Ihr Gesicht stets innerhalb des runden Rahmens befindet.

**4** Beenden Sie die Bewegung, sobald der Kreis auf dem Display vollständig ist. Tippen Sie auf *Weiter*.

**5** Wiederholen Sie den Vorgang und tippen Sie auf *Fertig*.

### Android-Gerät schützen per Passwort

So sperren Sie den Bildschirm für Unbefugte:

**1** Tippen Sie in den *Einstellungen* auf *Gerätesicherheit*.

**2** Wählen Sie *Sperrbildschirmtyp*.

**3** Tippen Sie auf *Passwort*.

**4** Legen Sie ein Passwort mit mindestens vier Zeichen, darunter einem Buchstaben, fest.

**5** Tippen Sie auf *Weiter*. Wiederholen Sie die Eingabe.

**6** Bestätigen Sie mit *OK*.

### Android-Gerät schützen per Biometrie

Für zusätzliche Sicherheit sorgt ein biometrisches Merkmal wie Ihr Fingerabdruck:

Wählen Sie *Einstellungen > Gerätesicherheit > Fingerabdruck-Scanner*.

**1** Geben Sie Ihr Passwort ein und tippen Sie auf *Weiter*.

**2** Wählen Sie *Fingerabdruck hinzufügen*.

**3** Legen Sie Ihren Finger mehrfach auf den Fingerabdrucksensor.

**4** Drehen Sie Ihre Hand und legen Sie denselben Finger erneut auf die Home-Taste.

**5** Sobald die Anzeige *Fingerabdruck hinzugefügt* erscheint, tippen Sie auf *Fertig*.

**6** Aktivieren Sie *Entsperren per Fingerabdruck*.

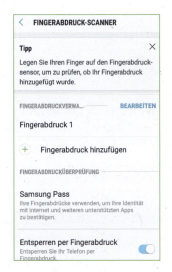

Statt des Fingerabdrucks lässt sich auch das Gesicht scannen. Bei Android gibt es verschiedene Verfahren (Trusted Face, Gesichtserkennung, Smart Lock), die im Großen und Ganzen ähnlich funktionieren.

**1** Tippen Sie im *Sicherheitsmenü* auf *Smart Lock*.

**2** Geben Sie Ihr Passwort oder Muster ein.

**3** Wählen Sie *Gesichtserkennung*.

**4** Tippen Sie auf *Einrichten* und *Weiter*. Über die Frontkamera wird nun ein Live-Bild von Ihnen aufgenommen. In der Mitte erscheint ein roter Kreis.

**5** Stellen Sie sich an einen gut und gleichmäßig beleuchteten Platz.

**6** Halten Sie Ihr Smartphone auf Augenhöhe und platzieren Sie Ihr Gesicht im roten Kreis. Während des Scanvorganges färbt sich der rote Kreis langsam grün.

**7** Tippen Sie nach Beendigung des Vorgangs auf *Fertig*.

Android warnt allerdings, dass die Gesichtserkennung weniger sicher sei als Muster, PIN oder Passwort. Evtl. können auch ähnlich

aussehende Menschen oder die Verwendung eines Fotos von Ihnen die Bildschirmsperre aufheben.

Mehr Sicherheit bietet der Iris-Scanner von Samsung, der allerdings nur in den älteren Modellen Galaxy S8 (Plus) und Galaxy S9 (Plus) verbaut ist.

Das Muster in der Iris ist bei jedem Menschen einzigartig und zählt deswegen zu den fälschungssicheren persönlichen Merkmalen. So richten Sie die Funktion ein:

**1** Tippen Sie auf *Einstellungen > Gerätesicherheit > Iris-Scanner*.

**2** Entsperren Sie Ihren Bildschirm. Falls Sie noch keine Bildschirmsperrmethode eingerichtet haben, legen Sie jetzt ein Muster, eine PIN oder ein Passwort fest. Folgen Sie den Anweisungen und tippen Sie auf *Weiter*.

**3** Halten Sie das Gerät in Augenhöhe etwa 25 bis 35 Zentimeter entfernt.

**4** Positionieren Sie Ihre Augen in den beiden Kreisen auf dem Display.

**5** Öffnen Sie Ihre Augen. Sehen Sie so lange auf den Bildschirm, bis Ihre Iriden vollständig erfasst wurden.

Nach der Registrierung erscheint der Iriserkennungsbildschirm, sobald Sie Ihr Smartphone aktivieren. Achten Sie auf den richtigen Abstand und Winkel zur Kamera. Der Iris-Scanner hat den Nachteil, dass die Umsetzung ein wenig umständlicher und langsamer ist.

# Sicherheitssoftware

Unbedingt notwendig ist eine Sicherheitssoftware nicht. Wenn Sie wissen, welche Bedrohungen im Cyberspace lauern, und stets die wichtigsten Schutzregeln anwenden (siehe Tipp „Die wichtigsten Sicherheitsvorkehrungen", Seite 74), genügt in der Regel der vorinstallierte Schutzschild. Selbst wenn er nur einen ausreichenden Schutz bietet.

Im Gegensatz zu Schadprogrammen auf dem PC, die sich wie „Viren" selbst verbreiten können, sind Cyberkriminelle bei einem Smartphone auf die aktive Teilnahme des jeweiligen Nutzers angewiesen. Um einen Download zu erwirken, wird die Schadsoftware deshalb in der Regel maskiert, etwa als verlockende Raubkopie oder nützliches Update.

Hier zeigt sich, wie wichtig es ist, solchen Versuchungen zu widerstehen und Apps nur aus offiziellen App Stores zu laden.

## Sicherheits-Apps im Test

Anfang Januar 2019 veröffentlichte die Stiftung Warentest eine Untersuchung von 17 Sicherheits-Apps für Android-Smartphones. Mehr als die Hälfte der Apps bekam eine gute Gesamtbewertung attestiert.

Gefragt war eine Sicherheitssoftware, die Schadsoftware erkennt und unschädlich macht sowie vor betrügerischen Internetseiten warnt. Testsieger wurde das kostenpflichtige Schutzprogramm Eset Mobile Security & Antivirus.

Mit einer „rundum guten Schutzfunktion" punktete auch eine kostenlose App: AVG AntiVirus (Gratisversion). Inzwischen ist die neue, überarbeitete und ebenfalls kostenlose Version AVG AntiVirus 2020 auf dem Markt.

Der von Google auf modernen Android-Smartphones vorinstallierte Schutzschild (Google Play Protect) schnitt hingegen nur ausreichend ab.

iPhones benötigen von Haus aus keine zusätzlichen Sicherheits-Apps. Das Apple-System bietet kaum Schnittstellen für externe Dienstleister, vor allem, wenn es um NFC (englisch: Near Field Communication) geht (siehe „Kontaktlos bezahlen mit NFC", Seite 85).

Zudem können Sie Apps für iOS-Geräte ausschließlich über Apples App Store laden. Vor der Bereitstellung wird jede App ausgiebig auf Schadfunktionen geprüft. Eine Infektion mit bösartiger Software ist auf diesem Weg somit kaum möglich.

Nur wenn es um Phishing-Mails und infizierte Webseiten geht, empfiehlt sich besondere Vorsicht. Weitere Informationen finden Sie unter: test.de/Antivirenprogramme-im-Test-4993310–0/ sowie im Ratgeber „Fintechs. Digital Geld anlegen" der Stiftung Warentest.

→ **Die wichtigsten Sicherheitsvorkehrungen**

**Sichern Sie den Zugriff** nicht nur durch ein komplexes Passwort, sondern zusätzlich mit einem biometrischen Merkmal, etwa per Fingerabdruck oder Gesichtserkennung (bei Apple Face ID genannt).

**Halten Sie Ihr Betriebssystem** und die Banking-Apps stets aktuell.

**Führen Sie keine Bankgeschäfte** wie Überweisungen in öffentlichen WLAN-Netzwerken durch.

**Melden Sie sich niemals über einen Link** in einer E-Mail bei Onlinediensten an. Suchen Sie stattdessen über den Browser die Website des Anbieters auf und loggen Sie sich dort ein.

**Laden Sie Anwendungen nur** aus einem offiziellen App Store herunter.

**Installieren Sie Apps** aus dem Google Play Store erst, nachdem sie bereits einige Wochen verfügbar waren.

**Achten Sie darauf**, dass bei Android-Smartphones in den Sicherheitseinstellungen die Option Apps aus unbekannten Quellen ausgeschaltet ist.

# Smartphone-Banking

Viele Kreditinstitute bieten für ihre Konten neben dem Onlinebanking auch das Mobile-Banking an. Um es zu nutzen, müssen Sie die entsprechende Banking-App auf Ihr Smartphone herunterladen. Statt sich über den Browser in Ihr Konto einzuloggen, öffnen Sie nun die App Ihres Kreditinstituts. Anschließend können Sie in den meisten Fällen unter anderem:

▶ **Ihre Umsätze** einsehen

▶ **Überweisungen** tätigen

▶ **Daueraufträge** einrichten oder bearbeiten

▶ **Geldautomaten** oder Filialen suchen

▶ **Ihre Finanzen** verwalten

▶ **Ihre Karten** sperren

▶ **Eine neue PIN** bestellen

Mobile-Banking eignet sich insbesondere für Bankkunden, die ihre Finanzen nicht nur stets im Blick haben möchten, sondern zusätzlich die Option wünschen, auch unterwegs schnell einmal eine Überweisung durchzuführen.

| Girokonto | |
| --- | --- |
| ██████████ | |
| € 0,00 | |
| **Name des Empfängers** Höchstens 70 Zeichen | |
| **IBAN** Höchstens 34 Zeichen | |
| **Verwendungszweck** Höchstens 140 Zeichen | |
| **Referenz** Höchstens 35 Zeichen | |
| **Ausführung** Nächstmöglich | |
| ☐ Als Vorlage speichern | |
| Abschicken | |

So einfach geht es beispielsweise über die Banking-App der ING:

**1**  Tippen Sie auf das *Konto*, von dem der Betrag abgebucht werden soll.

**2**  Wählen Sie *Überweisen*.

**3**  Tragen Sie den Betrag ein.

**4**  Füllen Sie den Rest der Überweisungsmaske aus. Alternativ tippen Sie auf das *Symbol für die Vorlagen* und wählen den gewünschten Empfänger.

**5**  Überprüfen Sie die Eingaben.

**6**  Tippen Sie auf *Abschicken*.

**7**  Geben Sie den Auftrag per Mobile-PIN oder Fingerabdruck frei.

**8**  Kehren Sie zurück zur Umsatzanzeige, überprüfen Sie die Zahlungsdaten und schließen Sie die App.

# Das Smartphone-Konto

Alles in einer Hand: Smartphone-Konten eignen sich für alle, die ihr Konto vor allem per App nutzen möchten. Für die größere Übersicht bieten die meisten „Smartphone-Konten" zusätzlich eine Desktop Variante an.

Erstmals ließ sich ein Smartphone-Konto im Jahre 2015 einrichten: Mit einem Girokonto, das sich vollständig per App verwalten und nutzen lässt, traf das FinTech-Start-up Number26 genau den Puls der Zeit. Anfangs wurden die Bankgeschäfte noch von der Wirecard Bank durchgeführt, doch bereits Mitte 2016 erwarb Number26 selbst eine Vollbanklizenz und änderte seinen Namen in N26.

Im selben Jahr brachte das Telekommunikationsunternehmen Telefónica in Kooperation mit der Direktbank Fidor ein kostenloses Girokonto für mobiles Banking per Smartphone und App auf den Markt: das $O_2$-Banking.

Inzwischen sind weitere Anbieter hinzugekommen, darunter 1822direkt, eine Direktbanktochter der Frankfurter Sparkasse, mit 1822MOBILE, die ReiseBank mit Bankomo und mehrere Sparkassen mit Yomo.

### Die Kontoeröffnung

N26 und $O_2$-Banking werben damit, dass die Eröffnung nicht länger als zehn Minuten dauert. Im Großen und Ganzen gehen Sie vor wie bei der Kontoeröffnung eines Onlinekontos (siehe „Die Kontoeröffnung", Seite 44). Es gibt nur einen Unterschied: Smartphone-Konten lassen sich auch per App eröffnen. Bei einigen ist dies sogar nur per App möglich.

Für die Eröffnung eines Smartphone-Kontos benötigen Sie:

**1** Ein mobiles Gerät wie Smartphone oder Tablet,

**2** WLAN und einen

**3** Personalausweis mit aktueller Adresse oder Reisepass plus Meldebestätigung, eventuell genügt auch eine Telefonrechnung mit Adressangabe.

Anschließend installieren Sie die entsprechende App des gewünschten Anbieters auf Ihrem Smartphone und folgen den Anweisungen. Nachdem Sie die Formalitäten erledigt und sich erfolgreich per Video-Ident identifiziert haben, erhalten Sie einen Aktivierungscode.

Richten Sie nun Ihr TAN-Verfahren ein. Als Beispiel dient die TAN-App-Einrichtung bei 1822Mobile:

**1** Öffnen Sie die 1822Mobile-App. Sie erhalten den Hinweis *1822TAN+ Einrichtung*.

**2** Tippen Sie auf *Jetzt installieren*.

**3** Laden Sie die 1822TAN+-App herunter.

**4** Kehren Sie nach dem Herunterladen sofort zurück in die 1822Mobile-App. Sie dürfen die 1822TAN+-App zum jetzigen Zeitpunkt nicht öffnen.

**5** Tippen Sie in der 1822Mobile-App auf *Jetzt 1822TAN+ einrichten*.

Jetzt 1822TAN+ einrichten

**6** Vergeben Sie ein komplexes Passwort mit möglichst mehr als zehn Zeichen, darunter mindestens ein Sonderzeichen, eine Zahl sowie jeweils ein Groß- und Kleinbuchstabe (siehe „Sicheres Passwort erstellen", S. 23).

**7** Wiederholen Sie die Eingabe Ihres Passwortes, um es zu bestätigen.

**8** Tragen Sie Ihren Aktivierungscode (Start-PIN) ein und tippen Sie auf *Aktivieren*.

**9** Geben Sie Ihr Passwort ein und tippen Sie auf *Anmelden*.

**10** Tippen Sie auf *TAN anfordern*, um die Einrichtung abzuschließen.

**Aktivierung bestätigen**

Bitte geben Sie Ihre Super-PIN ein.

〈 Zurück      Aktivieren 〉

An dieser Stelle geben Sie die **Start-PIN** oder die **Super-PIN** ein! Die Maske zeigt Ihnen dies an.

Die **Start-PIN** erhalten Sie per E-Mail.

Die **Super-PIN** erhalten Sie per Post.

→ **Schnell erledigt**

Für die Eröffnung eines Smartphone-Onlinekontos laden Sie die entsprechende App aus dem App Store oder Google Play, öffnen diese, tragen die gewünschten Daten in die Felder ein und legen ein Passwort fest. Außerdem müssen Sie den Nutzungsbedingungen zustimmen – natürlich erst, nachdem Sie diese gelesen haben – und eventuell einem Datenaustausch mit der SCHUFA. Anschließend bestätigen Sie Ihre Identität per Videochat.

Um die Eröffnung Ihres Kontos abzuschließen, benötigen Sie einen Aktivierungscode. Je nach Anbieter wird Ihnen dieser per Post oder E-Mail zugesandt.

**Gemeinsamkeiten und Unterschiede**

Smartphone-Konten werden üblicherweise per App genutzt. Meist handelt es sich um ein vollwertiges Girokonto ohne monatliche Grundgebühr für Kontoführung und Karte. Den Zugang zur App sichern Sie durch ein Passwort (siehe „Sicheres Passwort erstellen", Seite 23) sowie per Fingerabdruck oder Gesichtserkennung.

In Ihr Konto von N26, Bankomo oder $O_2$-Banking können Sie sich auch über den Browser einloggen. Die Benutzeroberflächen sind jedoch weniger übersichtlich und die Funktionen teilweise stark eingeschränkt.

Im Zuge der Eröffnung eines Smartphone-Kontos erhalten Sie in der Regel eine Kreditkarte, selten eine Girocard. In vielen Fällen lässt sich ein Dispokredit einrichten.

Die Anzahl der kostenlosen Abhebungen von Bargeld an Automaten im Inland kann beschränkt sein. Einzahlungen von Bargeld sind wiederum vielfach nur bis maximal 100 Euro kostenfrei. In beiden Fällen gibt es für die Beträge Limits und Höchstgrenzen.

So funktionieren Ein- und Auszahlungen per Smartphone an der Ladenkasse:

**1** Öffnen Sie die App Ihres Smartphone-Kontos.

**2** Tippen Sie den Betrag ein.

**3** Erstellen Sie einen Strichcode.

**4** Lassen Sie den Strichcode an der Ladenkasse einscannen.

**5** Geben Sie den gewählten Einzahlungsbetrag ab beziehungsweise nehmen Sie den gewünschten Auszahlungsbetrag entgegen.

**6** Überprüfen Sie die vorgenommene Transaktion auf Ihrem Konto.

# Fünf Smartphone-Konten im Vergleich

Eines haben alle Smartphone-Konten gemeinsam: Sie lassen sich vollständig per App nutzen. Je nach Anbieter können sich aber Funktionen, Leistungen und Kosten stark voneinander unterscheiden.

Für einen schnellen Überblick haben wir für Sie die wichtigsten Informationen zu fünf Smartphone-Konten zusammengefasst.

### N26

N26

Das kostenlose Smartphone-Konto inklusive freier Mastercard Debitkarte von N26 ist ein vollwertiges Girokonto mit Dispokredit. Die Eröffnung erfolgt direkt in der App auf dem Smartphone oder über die Web-App. Für die Identifikation wird das Video-Ident-Verfahren angeboten (siehe: „Die wichtigsten Identifikationsverfahren", Seite 45).

Sie können per App oder über den Browser auf Ihr Konto zugreifen. Der bargeldlose Zahlungsverkehr, Einzahlungen bis 100 Euro pro Monat (danach kostet jede Einzahlung 1,5% des eingezahlten Betrags) sowie unbegrenzt Abhebungen an Geldautomaten in der EU (außerhalb Deutschlands) sind kostenfrei. Im Inland können Sie dreimal pro Monat ohne Zusatzkosten Geld abheben.

Kostenlos lassen sich Auszahlungen bei mehr als 10 000 teilnehmenden Partnern vornehmen, darunter Tankstellen und Supermärkte. Wählen Sie in der N26-App die Funktion *Cash26*, erstellen Sie einen *Strichcode* und lassen Sie diesen an der Ladenkasse auslesen. Auf dieselbe Art können Sie Bargeld bei teilnehmenden Partnern im Einzelhandel einzahlen.

Abgesehen vom Gratiskonto bietet N26 auch zwei gebührenpflichtige Smartphone-Konten mit inkludierten Versicherungspaketen und zusätzlichen Leistungen an, darunter günstige Partnerangebote sowie kostenlose Abhebungen im In- und Ausland. Außerdem besteht die Möglichkeit, ein kostenloses oder ein gebührenpflichtiges Business-Konto zu eröffnen.

### O₂ Banking

Das vollwertige Girokonto mit Dispokredit und zusätzlichem Kleinkredit (Geldnotruf) ist bei O₂ Banking gebührenfrei. Zudem erhalten Sie eine Mastercard Debitkarte. Mit ihr verbunden ist ein Bonusprogramm: Jedes Mal, wenn Sie mit Ihrer Mastercard Einkäufe bezahlen, bekommen Sie pro Euro 1 Megabyte (MB) Datenvolumen. Die gesammelten Megabytes können Sie beispielsweise gegen einen Gutschein bei Amazon eintauschen oder verschenken.

**O₂ Banking**

Auf das Konto lässt sich auch über den Browser zugreifen, allerdings nur, um Guthaben und Umsätze einzusehen sowie Karte und Zugang zum Mobile-Banking zu sperren. Transaktionen sind nicht möglich.

Bargeld können Sie deutschlandweit in über 10 000 Partnerfilialen kostenlos und ohne Mindesteinkauf abheben, beispielsweise an der Kasse eines kooperierenden Supermarktes. Einzahlungen sind bis 100 Euro pro Monat kostenfrei.

Für eine Ein- oder Auszahlung müssen Sie in der O₂-Banking-App die Funktion *Geldservice* wählen, einen *Barcode* erstellen und an der Kasse einscannen lassen.

Der Maximalbetrag für Ein- und Auszahlungen liegt in Summe bei 999 Euro innerhalb von 24 Stunden. Als Limit gelten in beiden Fällen 50 Euro und je Abhebung 300 Euro.

Mit der Debit-Mastercard können Sie alle Geldautomaten im Euro-Raum dreimal pro Monat ohne Zusatzkosten nutzen. Danach zahlen sie 2,99 Euro pro Abhebung oder Sie „bezahlen" mit dem Einlösen gesammelter Megabytes: Statt der Gebühr kostet jede weitere Abhebung 500 MB.

### 1822Mobile

Auch bei dem Smartphone-Konto von 1822Mobile handelt es sich um ein vollwertiges Girokonto mit Dispokredit. Es lässt sich jedoch ausschließlich über die App nutzen.

Das Konto können Sie entweder über die Webseite eröffnen und sich per Postident in einer Filiale der Deutschen Post legitimieren (siehe „Die wichtigsten Identifikationsverfahren", Seite 45). Oder Sie nutzen die 1822Mobile-App und führen eine Identifikation per Videochat durch.

Für die erste Anmeldung erhalten Sie per E-Mail eine Start-PIN. Zusätzlich wird auf dem Postweg ein QR-Code verschickt. Ihn brauchen Sie, um Ihr TAN-Verfahren erneut freizuschalten, etwa wenn Sie die 1822Mobile-App auf einem neuen Smartphone installieren möchten.

Nach der erfolgreichen Kontoeröffnung wird Ihnen automatisch eine Sparkassen-Card (Girocard) und auf Wunsch eine Visa-Card zugesandt. Kontoführung, beide Karten und Bargeldeinzahlungen an den Kassenterminals der Frankfurter Sparkasse sind kostenlos. Unentgeltliche Bargeldauszahlungen sind im Inland mit der Girocard an allen Geldautomaten der Sparkassen und Landesbanken sowie in Supermärkten mit Bargeldservice ab einem Einkaufswert von zehn Euro möglich, im EU-Ausland mit der Visa-Card an Geldautomaten.

### Yomo

Mit Yomo möchten einige Sparkassen insbesondere die Zielgruppe unter 35 Jahren ansprechen. Wie bei 1822Mobile handelt es sich um ein vollwertiges Girokonto mit Dispokredit, das sich nur über eine App auf dem Smartphone nutzen lässt. Die Kontoführung ist kostenlos und erfolgt über eine der teilnehmenden Sparkassen. Auf Wunsch können Sie eine gebührenpflichtige Kreditkarte hinzubuchen.

Transaktionen werden per Passwort und Fingerabdruck oder Gesichtserkennung bestätigt, die Generierung einer TAN ist nicht notwendig.

Bei der Anmeldung müssen Sie sich für eine der zur Auswahl stehenden Sparkassen entscheiden. Es ist es ratsam, zuvor die jeweiligen Konditionen zu vergleichen. Eventuell geraten Sie nach der Anmeldung auf eine Warteliste.

Mit der Girocard haben Sie die Möglichkeit, im Inland an 23 600 Sparkassen-Geldautomaten kostenlos Bargeld einzuzahlen oder abzuheben. Darüber hinaus ist die Anzahl der Abhebungen nicht beschränkt.

## Bankomo

Beim Smartphone-Konto von Bankomo handelt es sich um ein rein guthabenbasiertes Konto. Es lässt sich per App und im Onlinebanking nutzen.

Statt einer Girocard oder Kreditkarte erhalten Sie eine Prepaid-Mastercard. Für die Kontoführung wird eine monatliche Grundgebühr berechnet.

Bargeldeinzahlungen sind nie, Auszahlungen mit der Prepaid-Mastercard an etwa 300 Geldautomaten der ReiseBank im Rahmen der Fair-Use-Policy kostenfrei.

Die Fair-Use-Policy bedeutet gemäß Eigenbeschreibung auf der Internetseite von Bankomo, dass alle Kunden die gleichen Leistungen zum selben Preis erhalten. Dazu sei „eine angemessene Nutzung der zur Verfügung gestellten Services" notwendig. Im November 2019 waren dies beispielsweise maximal 140 SEPA-Transaktionen pro Kalenderjahr und nicht mehr als zwei Abhebungen an einem ReiseBank-Geldautomaten pro Monat. Über dieses Maß hinausgehende Transaktionen oder Abhebungen zählen somit zu einer „überdurchschnittlichen Nutzung der Pauschalangebote" und sind somit kostenpflichtig.

### Darauf ist zu achten:

▶ **Gebühren:** Werden monatliche Grundgebühren erhoben? Kostenpflichtige Karten und Kontogebühren rechnen sich bei einem Smartphone-Konto in der Regel nicht.

▶ **Dispozinsen:** Sind die Dispozinsen überhöht? Ende 2019 betrug die tolerierbare Spanne 7 bis 9 Prozent.

▶ **Zusatzkosten:** Ob Kontoauszüge, Überweisungen oder bargeldlose Zahlungen mit Karte – die Frage richtet sich nicht zwangsläufig danach, inwieweit sich Zusatzkosten bei einem Smartphone-Konto rechtfertigen lassen, sondern ob und wie oft Sie die kostenpflichtigen Leistungen nutzen.

▶ **Geldautomaten:** Wo können Sie Bargeld abheben? Besteht die Möglichkeit, es einzuzahlen? Welche Höhe dürfen Sie nicht unter- oder überschreiten? Gibt es Einschränkungen in Bezug auf die Anzahl der Abhebungen?

▶ **Kooperierende Partner:** Bei welchen und wie vielen Partnern lässt sich kostenlos Bargeld aus- oder einzahlen? Welche Limits und Maximalbeträge sind vorgeschrieben?

# Mobile Payment

Girocard und Co haben an der Ladenkasse Konkurrenz bekommen. Ob im Supermarkt, im Baumarkt oder Kino – auch mit Ihrem Smartphone und sogenannten Wearables (von englisch „to wear": tragen) wie Uhren, Ringen oder Fitnessarmbändern können Sie deutschlandweit an etwa 800 000 Kartenterminals bezahlen.

Es gibt verschiedene Bezahlvarianten (siehe Grafik Seite 87). Besonders beliebt ist das kontaktlose Zahlen per Near Field Communication (NFC). Zu den Voraussetzungen gehört, dass Ihr Gerät eine

NFC-Funktion besitzt und Sie eine entsprechende Banking- oder Zahlungs-App installieren.

Wie Sie vorgehen?

**1** Sichern Sie Ihr Smartphone mit PIN, Fingerabdruck oder Gesichtserkennung (bei Apple: Face ID).

**2** Schalten Sie die NFC-Funktion ein.

**3** Laden Sie die entsprechende Banking- oder Zahlungs-App herunter beziehungsweise aktivieren Sie auf Ihrem iPhone *Apple Pay*.

**4** Wählen Sie an der Kasse die Kartenzahlung.

**5** Öffnen Sie die App und halten Sie Ihr Smartphone nicht weiter als vier Zentimeter entfernt vor den Bezahlterminal.

Auf welchem Konto die Abrechnung erfolgt, hängt von der Bezahl-App ab. Derzeit finden sich folgende Varianten:

Die Abrechnung erfolgt über ein bestehendes Kreditkartenkonto oder per Lastschriftverfahren über das Girokonto. Eventuell ist ein Finanzdienstleister wie PayPal oder Boon dazwischengeschaltet, bei dem Sie sich zuvor registrieren müssen. Einige Bezahl-Apps wie etwa jene der Sparkassen oder der Volks- und Raiffeisenbanken, akzeptieren auch die hauseigene Girokarte.

→ **Kontaktlos bezahlen mit NFC**

Near Field Communication (NFC) wird mit Nahfeldkommunikation übersetzt. Dabei handelt es sich um eine Funktechnik, die auf einer Distanz von unter vier Zentimetern eine Kommunikation zwischen Bankkarte oder mobilem Gerät und Lesegerät (Bezahlterminal) ermöglicht. Beide Geräte müssen mit einem Mikrochip und einer Leseantenne ausgestattet sein.

**Zwölf Bezahl-Apps im Test**

Mitte November 2019 veröffentlichte Finanztest eine Untersuchung von zwölf Bezahl-Apps (Finanztest 12/2019). Im Fokus standen vor allem Sicherheit, Datensendeverhalten und Datenschutzerklärung.

Erfreulicherweise schützten alle Apps in hohem Maße vor Betrug. Die Freigabe der Zahlungen erfolgt mit Zwei-Faktor-Authentifizierung (siehe Kasten „Zwei-Faktor-Authentifizierung", Seite 9). Eingesetzt werden neben dem mobilen Gerät (Kategorie Besitz) entweder PIN (Kategorie Wissen) oder biometrische Merkmale wie der Fingerabdruck (Kategorie Inhärenz).

Bei einigen Anbietern kann die Freigabe von Beträgen bis 25 Euro auch nur durch das Davorhalten des Endgerätes erfolgen. Smartwatches sind üblicherweise mit einer PIN gesichert. Wird diese eingegeben, ist eine Freigabe für 24 Stunden möglich. Die Uhr muss während dieser Zeit auf dem Handgelenk bleiben. Wird sie abgelegt, ist eine erneute PIN-Eingabe erforderlich.

Weniger erfreulich waren bei vielen Bezahl-Apps die Datenschutzbestimmungen und das Datensendeverhalten. Positiv fielen allein der Postbank Finanzassistent und die App der VR-Banken auf. Ein spezielles Sicherheitsverfahren zum Schutz der Daten findet sich darüber hinaus nur bei Apple Pay. Dabei kommt es zur Sicherung des Schlüsselmaterials in einem geschützten Bereich auf dem Endgerät. Das Schlüsselmaterial stellt einen geheimen Datensatz dar, der als Schlüssel zur Zahlungsfreigabe verwendet wird. Apple selbst hat keinen Zugang zu den Informationen, allerdings kann auch hier jeder, der am Zahlungsvorgang beteiligt ist, die Transaktionsdaten einsehen.

Google wiederum weist in seiner Datenschutzerklärung ausdrücklich darauf hin, Informationen wie Betrag, Empfänger, Ort und Zeitpunkt der Transaktion zu verwerten. Weit mehr Kundendaten als notwendig sammelten zudem die Apps von Handelsanbietern wie Edeka und Payback. Sie haben ein großes Interesse an möglichst detaillierten Informationen über das Kaufverhalten Ihrer Kunden.

Benötigen die Anbieter von Bezahl-Apps Informationen darüber, wo Sie eingekauft oder in welchem Restaurant Sie gegessen haben? Die Antwort von Finanztest ist eindeutig: Nein!

→ **Tokenization**

Die sogenannte Tokenization macht die Kartenzahlung sicherer. Dabei handelt es sich um ein Verfahren, das die Nummer Ihrer Giro- beziehungsweise Kreditkarte durch eine Stellvertreternummer (ein Token) ersetzt.

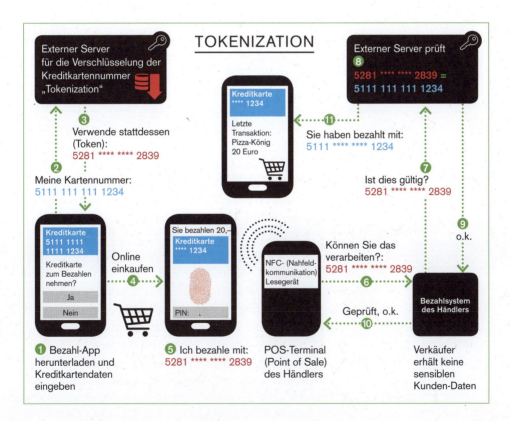

# Smartphone statt Bargeld

Bevor Sie Ihr Bargeld durch das Smartphone ersetzen, brauchen Sie eine geeignete Bezahl-App. Anhand von Google Pay für Android-Smartphones und Apple Pay für das iPhone zeigen wir Ihnen, wie sich Mobile Payment auf Ihrem tragbaren Gerät nutzen lässt.

### → Welche Daten werden erfasst?

Um eine Bezahl-App verwenden zu können, müssen Sie den Nutzungsbedingungen und Datenschutzerklärungen zustimmen. In ihnen erfahren Sie, welche Daten bei Ihren Zahlungen erfasst werden. Abgesehen von den Informationen über Endbetrag, Namen des Geschäfts, Standort, Uhrzeit, Datum und Zahlungsmethode können dazu auch Warenbeschreibungen und personenbezogene Daten zählen.

### Google Pay

Um Google Pay zu verwenden, brauchen Sie ein Smartphone mit NFC-Funktion (siehe „Kontaktlos bezahlen mit NFC", Seite 85) sowie die Kreditkarte eines kooperierenden Instituts oder einen PayPal-Account (siehe „Das PayPal-Konto", Seite 129).

**1** Aktivieren Sie auf Ihrem Smartphone die NFC-Funktion.

**2** Laden Sie die Google-Pay-App aus dem Google Play Store (Android) oder aus dem App Store (iPhone) herunter.

Karte am Rahmen ausrichten
Die Kamera ruft Ihre Informationen automatisch ab

**3** Starten Sie die App.

**4** Wählen Sie *Karte hinzufügen* oder *+ Zahlungsmethode*.

**5** Scannen Sie Ihre Kreditkarte oder geben Sie die Daten manuell ein.

**6** Alternativ oder zusätzlich können Sie *Ihr PayPal-Konto* verknüpfen. Google verbindet es automatisch mit einer eigens hierfür generierten virtuellen Debit Mastercard.

**7** Die Bank beziehungsweise der Kartenausgeber überprüft nun Ihre Identität.

**8** Je nach Institut und zur Verfügung stehenden Methoden erhalten Sie Ihren Bestätigungscode per E-Mail, SMS, Telefon oder über die App der Bank. Möglicherweise entspricht der Code einem Betrag unter einem Euro, mit dem Ihr Konto für maximal 24 Stunden belastet wird.

**9** Sobald Sie den Code erhalten haben, öffnen Sie erneut die Google-Pay-App, tippen auf *Zahlung* und unter der *Zahlungsmethode* auf *Jetzt bestätigen*. Geben Sie den Code beziehungsweise den Betrag ein und tippen Sie erneut auf *Jetzt bestätigen*.

Statt dem Smartphone steht es Ihnen auch frei, eine unterstützte Smartwatch zu verwenden. Auf ihr ist die Google-Pay-App bereits vorinstalliert. Öffnen Sie dazu auf der Uhr diese App, tippen Sie auf *Jetzt starten* und folgen Sie dann auf Ihrem (mit Ihrer Uhr gekoppelten) Smartphone den Anweisungen zum Hinzufügen einer Kredit- oder Debitkarte. Die Verwendung von PayPal ist auf Smartwatches bisher nicht möglich.

### Bezahlen per Smartphone

**1** Bitten Sie an der Kasse um Kartenzahlung.

**2** Entsperren Sie Ihr Smartphone. Die App startet automatisch.

**3** Halten Sie die Rückseite an das Lesegerät.

**4** Bestätigen Sie via Fingerabdruck oder PIN. Beträge unter 25 Euro benötigen im Normalfall keine Authentifizierung.

### Bezahlen per Android Smartwatch

**1** Bitten Sie an der Kasse um Kartenzahlung.

**2** Öffnen Sie die Google-Pay-App.

**3** Halten Sie die Smartwatch an das Lesegerät, bis Sie einen Ton hören oder die Uhr vibriert.

**4** Wählen Sie die Option *Kreditkarte*, auch wenn Sie tatsächlich einen anderen Kartentyp verwenden.

**5** Falls gefordert, geben Sie jene PIN ein, die Sie bei der zugehörigen Bank eingerichtet haben.

Google Pay können Sie – abgesehen von Zahlungen im stationären Handel, im Internet, in Apps kooperierender Unternehmen und für Bargeldabhebungen – auch an diversen Geldautomaten nutzen. Achten Sie auf das entsprechende Symbol.

### Apple Pay

Mobil lässt sich mit iPhone, iPad und Apple Watch in Deutschland nur über Apple Pay bezahlen, das wiederum einzig mit Geräten von Apple verwendet werden kann. Das brauchen Sie für die Nutzung:

▶ **ein kompatibles mobiles Gerät** mit NFC-Funktion (siehe „Kontaktlos bezahlen mit NFC", Seite 85)

▶ **die Kreditkarte** eines kooperierenden Kreditinstituts

▶ **eine aktuelle Version** von iOS, macOS oder watchOS

▶ **eine im Apple Store** angemeldete Apple-ID

Vermutlich haben Sie auf Ihrem Gerät bereits einen Code erstellt, um es vor dem Zugriff Dritter zu schützen. Zudem ist es notwendig, je nach Modell, entweder Face ID oder Touch ID einzurichten und das Gerät im Apple Store anzumelden.

Um Apple Pay verwenden zu können, öffnen Sie entweder die *Wallet-App* oder gehen Sie auf *Einstellungen > Wallet & Apple Pay*.

**1**   Tippen Sie auf *Karte hinzufügen*.

**2**   Tippen Sie auf *Fortfahren*.

**3**   Wählen Sie aus der Liste Ihre Bank beziehungsweise den Karten-anbieter. Ist sie/er nicht aufgeführt, tippen Sie auf *Andere Karte hinzufügen*.

**4**   Scannen Sie Ihre Karte. Geben Sie den zugehörigen Sicherheits-code ein und tippen Sie auf *Weiter*.

**5**   Lesen Sie die Nutzungsbedingungen durch und bestätigen Sie diese.

**6**   Geben Sie an, ob Ihre Karte per SMS-Nachricht oder per E-Mail überprüft werden soll.

Anschließend prüft Ihre Bank oder Ihr Kartenaussteller die Anga-ben, um zu entscheiden, ob Sie die Karte mit Apple Pay verwenden können. Werden weitere Daten zur Verifizierung benötigt, erhalten Sie eine Anfrage. Bei einer Zustimmung sendet Ihnen die Bank be-ziehungsweise der Kartenaussteller eine Bestätigungsnummer. Nachdem Sie die Nummer in das entsprechende Feld eingegeben haben, steht Ihnen Apple Pay zur Verfügung.

Die Apple Watch verfügt über eine eigene Wallet-App, der Sie Ihre Zahlungskarten folgendermaßen hinzufügen:

**1**  Öffnen Sie die Apple-Watch-App auf Ihrem iPhone.

**2**  Tippen Sie auf *Meine Uhr > Wallet & Apple Pay*.

**3**  Haben Sie bereits Karten auf Ihrem iPhone, tippen Sie neben der Anzeige auf *Hinzufügen*.

**4**  Geben Sie den *Sicherheitscode* Ihrer Karte ein.

**5**  Für weitere oder andere Karten tippen Sie auf *Karte hinzufügen* und folgen Sie den Anweisungen.

Mit Ihrem iOS-Gerät können Sie nun überall dort bezahlen, wo Sie das Apple-Pay-Symbol sehen. Bitten Sie an der Kasse um Kartenzahlung, die anschließende Authentifizierung erfolgt über Face ID, Touch ID oder die Eingabe Ihres Codes.

### Bezahlvorgang mit Face ID

**1**  Betätigen Sie die Seitentaste am iPhone doppelt und schauen Sie auf den Bildschirm für die Aktivierung per Face ID.

**2**  Halten Sie Ihr iPhone knapp über das Lesegerät.

**3**  Auf Ihrem Bildschirm erscheinen ein Häkchen und die Bestätigung *Fertig*.

### Bezahlvorgang mit Touch ID

**1**  Legen Sie Ihren Finger auf den Touch-ID-Sensor Ihres iPhones.

**2**  Halten Sie Ihr iPhone knapp über das Lesegerät an der Kasse.

**3**  Auf dem Bildschirm erscheinen ein Häkchen und die Bestätigung *Fertig*.

### Mit der Apple Watch bezahlen

**1**  Drücken Sie zweimal auf die Seitentaste.

**2**  Halten Sie das Display Ihrer Apple Watch mit wenigen Zentimetern Abstand vor das Lesegerät.

**3**  Sie nehmen ein leichtes Tippen oder Vibrieren wahr.

**4** Je nach Transaktion und Betrag müssen Sie eventuell Ihre PIN eingeben oder einen Beleg unterschreiben.

## Apple Pay online nutzen

Abgesehen vom mobilen Bezahlen können Sie Apple Pay auch online nutzen. Dazu müssen Sie mit Ihrem Apple-Gerät per Safari oder einem anderen Browser ins Internet gehen. Achten Sie darauf, dass Ihre Geräte alle mit derselben Apple-ID angemeldet sind.

Bietet der gesuchte Shop diese Bezahlmöglichkeit an, ersparen Sie sich in der Regel das Erstellen eines Benutzerkontos. Der Betrag wird per Bankkarte von jenem Konto abgebucht, das Sie bei der Anmeldung angegeben haben.

**1** Tippen oder klicken Sie auf die Bezahlmethode *Apple Pay*.

**2** Überprüfen Sie die Rechnungsdaten, Versandangaben und Kontaktinformationen.

**3** Eventuell müssen Sie Ihre Informationen manuell eingeben. Apple Pay speichert diese anschließend auf Ihrem iPhone.

**4** Bestätigen Sie die Zahlung per Face ID, Touch ID oder Code bzw. durch zweimaliges Drücken der Seitentaste Ihrer Apple Watch.

**5** Bei erfolgreicher Zahlung sehen Sie auf dem Bildschirm ein Häkchen und die Bestätigung *Fertig*.

## Apple Wallet nutzen

Neben den Apple-Pay-Kredit- und Prepaid-Karten können Sie Ihrer Wallet-App auch Bonus- und Guthabenkarten sowie Flug- und Kinotickets hinzufügen. Hier gibt es verschiedene Methoden:

▶ **Tippen Sie** in der Wallet-App auf *Karte bearbeiten > Code Scannen*. Scannen Sie den Barcode oder QR-Code von der Kundenkarte.

▶ **Fügen Sie die Kundenkarte** oder das Ticket beim Bezahlen mit Apple Pay hinzu. Bei Händlern mit unterstützter App wird Ihnen eine Mitteilung angezeigt.

▶ **Erhalten oder senden Sie Tickets** und Ähnliches per AirDrop, E-Mail oder iMessage.

# Hilfreiche Finanz-Apps

Für das Banking per Smartphone bieten die meisten Kreditinstitute eigene Apps an, mit denen sie so manchen Vorgang vereinfachen können. Rechnungsscan, Fotoüberweisung und automatische Push-Benachrichtigungen sind nur einige Anwendungen, die sich zu Hause oder unterwegs nutzen lassen. Ebenso lohnt ein Blick auf die Sicherheitssoftware, die Ihre Geldgeschäfte online gegen Datendiebstahl und Betrug absichern.

# Banking-Apps für mehr Komfort

Möchten Sie das Smartphone für Ihr Onlinebanking nutzen, erwartet Sie eine Vielfalt an Banking-Apps. Neben den Kreditinstituten bieten auch innovative Unternehmen mit technologiebasierten Geschäftsmodellen, sogenannte FinTechs, nützliche Anwendungen per App an.

Die eine oder andere mag reine Spielerei sein, doch gibt es auch Funktionen und Dienste, auf die Sie nicht verzichten sollten, ganz gleich, ob Sie sich für Onlinebanking oder ein reines Smartphone-Konto entschieden haben.

## → FinTech

Gemäß Deutscher Bundesbank steht der Begriff FinTech als Kurzform für „Financial Technology". Im Allgemeinen umfasst er alle modernen Technologien im Bereich der Finanzwelt. Als FinTech wird aber auch jedes Unternehmen bezeichnet, das innovative, technologiebasierte und mit dem Thema Finanzen in Zusammenhang stehende Anwendungssysteme anbietet.

Einige der Anwendungen sind bei vielen Kreditinstituten bereits in die jeweilige Banking-App integriert. Dazu zählt etwa die Multibanking-Funktion oder die Integration von Zahlsystemen wie Paydirekt. Andere hingegen bedürfen einer separaten Installation. Sinnvoll sind hier zum Beispiel Browser, die Werbung blockieren, und VPN-Dienste, die Ihre IP-Adresse verschleiern.

In jedem Fall gilt:

▶ **Laden Sie alle Anwendungen** nur aus einem offiziellen App Store herunter.

▶ **Sichern Sie den Zugriff** auf die App durch ein eigenes Passwort aus mindestens zehn Stellen (siehe „Sicheres Passwort erstellen", Seite 23). Für mehr Komfort sorgt eine Entsperrung per Fingerabdruck beziehungsweise Gesichtserkennung / Face ID.

## Multibanking

Wenn Sie mehrere Konten bei verschiedenen Banken haben, könnte eine Multibanking-App Ihr Interesse wecken. In diese lassen sich neben Ihrem Hauptkonto weitere Konten von anderen Kreditinstituten einbinden.

Viele Banking-Apps wie etwa die Deutsche Bank Mobile, ING Banking to go oder die S-App der Sparkassen verfügen über eine solche Multibanking-Funktion bereits in ihrer Banking-App.

Sind Sie mit der Banking-App Ihrer Hausbank unzufrieden, können Sie entweder die multibankenfähige App eines anderen Kreditinstituts oder auch jene eines externen Anbieters nutzen (siehe „Externe Anbieter von Finanz-Apps", Seite 101).

Von Vorteil ist, wenn die Umsätze aller Konten nicht nur einsehbar sind, sondern sich bei Bedarf auch von jedem der eingebundenen Konten eine Überweisung durchführen lässt.

Allerdings stimmen nicht alle Kreditinstitute einer Einbindung Ihrer Konten in die Finanz-App eines anderen Finanzdienstleisters zu. Insofern ist es ratsam, vor der Installation einer Multibanking-App zu überprüfen, ob Ihre Bank mit dem Anbieter der App kooperiert.

## Geld direkt versenden

In manchen Banking-Apps ist eine Funktion integriert, mit der sich unkompliziert Geld von Person zu Person (P2P) verschicken lässt. Das Prozedere sieht bei allen Anbietern ähnlich aus:

**1** Speichern Sie die Mobiltelefonnummer oder E-Mail-Adresse des Empfängers im Adressbuch Ihres Smartphones ab.

**2** Laden Sie eine entsprechende Banking-App herunter.

**3** Öffnen Sie die App und registrieren Sie sich beziehungsweise melden Sie sich mit Ihren Log-in-Daten an.

**4** Wählen Sie aus Ihren Kontakten im Adressbuch den Empfänger.

**5** Geben Sie den gewünschten Betrag ein.

**6** Bestätigen Sie die Zahlung.

Möchten Sie künftig Geld per Smartphone versenden, brauchen Sie nur das Kontaktmerkmal des Empfängers eingeben, also seine Mobiltelefonnummer oder seine E-Mail-Adresse. Hat der Adressat ein Konto bei derselben Bank oder ist er bei demselben Bezahldienst registriert, wird der Betrag sofort gutgeschrieben – die Verknüpfung seines Kontaktmerkmals mit seiner IBAN ermöglicht dies. Andernfalls bekommt der Empfänger eine SMS oder eine E-Mail mit der Aufforderung, seine Kontodaten manuell einzugeben. Wie bei einer klassischen Überweisung erhält er das Geld dann in den Folgetagen.

Vor allem Kunden der Sparkassen sowie Volks- und Raiffeisenbanken nutzen das mobile Zahlverfahren Kwitt. Bis 30 Euro mit einer Zahlung und insgesamt 100 Euro am Tag lassen sich sogar ohne TAN verschicken. Auch Minderjährige können sich für die Funktion in der App registrieren und diese im Rahmen ihrer vereinbarten Verfügungslimits nutzen. Die Verwendung der Banking-App ist kostenlos. Ob Ihre Bank für die Nutzung der Funktion „Kwitt" eine Gebühr erhebt, wird bei der Registrierung der Funktion angezeigt.

Auch einige Bezahldienste bieten diese Funktion an. Beispielsweise können Sie in der Paydirekt-App unter *Geld senden* Zahlungsvorgänge an andere Teilnehmer oder dritte Zahlungsempfänger veranlassen.

Bei PayPal lässt sich kostenlos Geld an *Freunde & Familie* senden. Je nach gewählter Bezahlart wird die Kreditkarte mit dem Betrag

belastet, vom Guthaben auf dem PayPal-Konto abgezogen oder via Lastschrift vom Girokonto abgebucht. Der Empfänger muss sich jedoch bei PayPal registrieren – nur dann hat er ein PayPal-Konto, auf das ihm der Betrag gutgeschrieben werden kann. Von dort lässt sich das Geld per Umbuchung kostenfrei auf sein Girokonto transferieren.

## Fehlervermeidung bei der Rechnungsbegleichung

IBAN, Auftragsnummer, Kundennummer, Referenznummer – beim Ausfüllen eines Überweisungsformulars kann es schnell zu einem Zahlendreher kommen. Wer sich die Eingabe der Rechnungsdaten und damit verbundene Fehlerquellen ersparen möchte, dem stehen bei Überweisungen per Smartphone verschiedene Möglichkeiten zur Verfügung:

▶ **Fotoüberweisung:** Öffnen Sie die Foto-App des jeweiligen Kreditinstituts und fotografieren Sie den Überweisungsträger. Die Daten werden von der App automatisch erfasst und digitalisiert. Anschließend geben Sie die Zahlung mit einer TAN frei. Eventuell müssen Sie zuvor die IBAN des zu belastenden Kontos eintragen.

▶ **Extrahieren von Überweisungsdaten:** Im Onlinebanking können Sie zum Beispiel mit Scan2Bank der Volks- und Raiffeisenbanken die Überweisungsdaten auf einer PDF-Rechnung, die Sie zum Beispiel per E-Mail erhalten haben, mittels Texterkennung auslesen und automatisch in die Überweisungsvorlage einfügen. Ziehen Sie dazu das Rechnungs-PDF ungeöffnet per Drag-and-Drop-Funktion (also anklicken/antippen und geklickt/gedrückt halten) in die Überweisungsmaske.

▶ **QR-Code scannen:** Einige Versandhändler drucken einen Quick Response Code (QR-Code) auf Ihre Rechnungen. Scannen Sie diesen, werden die Daten automatisch erfasst und in das Überweisungsformular übertragen.

### Virtuelle Unterkonten

Möchten Sie Ihre Zahlungsströme übersichtlicher gestalten, bieten sich individuell gestaltbare Unterkonten an. Stellen Sie sich diese wie einen neuen Unterordner am PC oder im E-Mail-Postfach vor. Es ist schnell eingerichtet, und mit der Drag-and-Drop-Methode lassen sich Beträge bequem vom einen in das andere Konto ziehen. Ein Unterkonto eignet sich zudem, um Geld für besondere (oder unerwartete) Ausgaben – wie einen Urlaub oder eine neue Waschmaschine – auf die Seite zu legen.

Natürlich können Sie zu diesem Zweck auch ein Tagesgeldkonto eröffnen (siehe „Parkplätze für Notfallreserven", ab Seite 134).

### Push-Nachrichten für wichtige Hinweise

Ihr Kontostand ist ohne Vorwarnung ins Minus gerutscht? Mit Push- oder E-Mail-Benachrichtigungen bleiben Ihnen solche Überraschungen erspart.

Push-Nachrichten senden Ihnen wichtige Mitteilungen Ihres Kontoanbieters, Informationen über Ihren Kontostand sowie über Zahlungsein- und -ausgänge in Echtzeit auf Ihr Smartphone. Da sie in der Regel sofort nach einer Transaktion ausgelöst werden, lassen sich zudem fehlerhafte Buchungen oder Eingriffe von Dritten

zeitnah erkennen. Je nach Kontomodell und Anbieter können sie allerdings kostenpflichtig sein.

Bei der Commerzbank nennt sich diese Benachrichtigungsfunktion *Kontoalarm* und bei der Postbank *Kontosignale*. Bei der ING können iPhone-Nutzer zu diesem Zweck den *Kontostandsalarm* aktivieren.

Sparkassen bieten den *Kontowecker* an: Auf Wunsch meldet er sich jedes Mal, wenn von Ihrem Konto Geld abgebucht wird, oder zeigt Ihnen regelmäßig Ihren Kontostand an. Auch haben Sie die Möglichkeit, festzulegen, ab welchem Kontostand der Wecker Sie informieren soll. Sie können selbst bestimmen, welche Wecker Sie aktivieren und auf welche Art Sie benachrichtigt werden möchten.

Es gibt Wecker zum Beispiel für den Umsatz, Gehaltseingang, Ihre Zahlkarten oder auch den Kontostand.

### Haushaltsbuch

Die automatische Kategorisierung der Umsätze ermöglicht es Ihnen nicht nur, einen besseren Überblick über Ihre Einnahmen und Ausgaben zu erhalten. Die von vielen Kreditinstituten bereits in das Onlinebanking integrierte Analyse erleichtert es zudem, Sparpotenziale zu eruieren.

Auch beim Smartphone-Banking müssen Sie auf die praktischen Funktionen eines Haushaltsbuches beziehungsweise Finanzplaners nicht verzichten. Einige Kreditinstitute haben sie in ihre Banking-Apps integriert, andere bieten spezielle Apps an.

Dazu zählt etwa der Finanzchecker der Sparkassen. Die App hat allerdings keine Schnittstelle zu Ihrem Konto, Ihre Ausgaben und

Einnahmen müssen Sie also manuell eintragen – bei sich wiederholenden Buchungen genügt eine einmalige Eingabe. Anschließend ordnen Sie die Einnahmen und Ausgaben unterschiedlichen Kategorien zu. Die Auswertung erfolgt automatisch und wird in Form von Listen sowie verschiedenen grafischen Analysen dargestellt.

Nützlich ist die Merkfunktion für ge- oder verliehene Sachen. Sie können diese samt Foto und Rückgabedatum mit dem betroffenen Kontakt verknüpfen und sich per Nachricht daran erinnern lassen.

# Externe Anbieter von Finanz-Apps

Bietet Ihre Bank keine oder keine geeignete Finanz-App an, besteht die Möglichkeit, auf die Produkte externer Anbieter zurückzugreifen. Mit den kostenlosen Smartphone-Apps beispielsweise von Finanzguru, Mint oder Finanzblick lassen sich etwa die Daten verschiedener Konten sammeln, ordnen und verarbeiten. Bequem kann via Smartphone etwa ein Haushaltsbuch geführt werden, in dem alle Ausgaben in speziellen Listen erscheinen.

Mint zählt im englischsprachigen Raum zu den beliebtesten Apps für die Finanzplanung. Sie ermöglicht unter anderem einen umfassenden Überblick über die gesamte Finanzlage und Erinnerungen etwa für Zahlungstermine.

Einige der Finanz-Apps für die Haushaltsbuchführung wie Ownly listen neben Konten auch Depots und Sachwerte auf. Wer der Plattform Bonify Zugriff zu seinem Konto gewährt, erhält Zugang

zu einem digitalen Finanzmanager und einem digitalen Haushaltsbuch.

Die im Folgenden beschriebenen Apps dienen lediglich als Beispiele
und stellen keine Empfehlungen dar.

### Finanzguru-App – Überblick

In die App von Finanzguru können Sie alle Ihre online
geführten Konten integrieren. Nach der Verknüpfung
werden einmalige, regelmäßige sowie künftige Ausgaben und Einnahmen jedes Kontos angezeigt. Ihr
Ausgabeverhalten wird analysiert und grafisch aufbe-
reitet, um Ihnen mögliche Sparpotenziale zu veran-
schaulichen.

Zudem besteht die Möglichkeit, Verträge überprüfen,
rechtssicher kündigen und durch günstigere ersetzen
zu lassen.

Hinter der Finanzguru-App steckt die von den Brüdern
Benjamin und Alexander Michel gegründete dwins
GmbH. Laut Allgemeinen Geschäftsbedingungen erhält diese bei erfolgreicher Vermittlung von Verträgen
in der Regel eine Provision der Anbieter. Die Bankdaten sind nach Angabe der Gründer in Rechnern mit
höchstem Sicherheitsstandard gespeichert und lassen
sich nur von den Nutzern auslesen.

### Finanzguru-App – Installation und Einrichtung

So installieren Sie die App von Finanzguru:

**1** Laden Sie die entsprechende App aus dem Apple
Store oder Google Play Store.

**2** Öffnen Sie die App.

**3** Lesen Sie die AGB, Datenschutzerklärungen und Informationen zum Web-Banking vor der Zustimmung
durch.

**4** Erstellen Sie ein *Passwort* oder nutzen Sie die Sperre Ihres Gerätes, beispielsweise Code, Fingerabdruck oder Gesichtserkennung.

**5** Geben Sie *Ihre E-Mail-Adresse* ein.

**6** Öffnen Sie Ihr Mail-Postfach. Sie müssten jetzt eine Mail von Finanzguru erhalten haben.

**7** Bestätigen Sie durch Antippen des entsprechenden *Links* Ihre E-Mail-Adresse.

**8** Kehren Sie zurück zu der App von Finanzguru auf Ihrem Smartphone.

**9** Tippen Sie auf *Konto hinzufügen*.

**10** Wählen Sie Ihre Bank aus der Liste, eventuell auch noch die Filiale.

**11** Geben Sie Ihre Zugangsdaten für das Onlinebanking ein und stimmen Sie der Speicherung Ihrer Login-Angaben zu.

**12** Bestätigen Sie den Vorgang mit einer gültigen *TAN*.

**13** Falls Sie das photoTAN-Verfahren nutzen und keinen photoTAN-Generator besitzen: Fotografieren Sie die photoTAN mit einem anderen Gerät ab. Anschließend scannen Sie das Foto der Grafik mit jenem Smartphone, auf dem Sie in der App angemeldet sind.

### Finanzblick

Die Finanzmanagement-Software gibt eine Übersicht über alle Daten Ihrer Bank-, Kreditkarten- und sonstigen Konten. In der Untersuchung von 38 Banking-Apps gehörte sie zusammen mit GLS mBank, Numbrs und Sparkasse zu den Testsiegern. Alle sind komfortabel, multibankfähig und sicher(Finanztest 6/2020).

Ihre Zahlungsein- und -ausgänge werden von dem statistischen Auslesedienst automatisch kategorisiert sowie budgetiert. Auf Wunsch können Sie sich per E-Mail, SMS oder Signalton informieren lassen, wenn es zur Überschreitung eines Budgets kommt.

Zu den weiteren Funktionen zählt beispielsweise die automatische Zuordnung steuerrelevanter Buchungen in die entsprechende Steuerkategorie sowie deren Übernahme in Ihre Steuererklärung. Praktisch ist die Möglichkeit, Überweisungen durchzuführen. Wählen Sie die Foto-Überweisung, wird das Digitalfoto vom Überweisungsträger nicht auf dem Finanzblick-Server gespeichert, sondern im Arbeitsspeicher von einer Texterkennungssoftware analysiert und ausgewertet. Anschließend kommt es zu einer Übertragung zurück an Ihr mobiles Endgerät zur Vorbereitung einer entsprechenden Onlineüberweisung. Eine manuelle Korrektur ist jederzeit möglich.

Um die App nutzen zu können, muss sich Ihr Kreditinstitut von Finanzblick unterstützen lassen. Überprüfen Sie vor einer Installation im Support-Bereich der Homepage von Finanzblick, ob Ihre Bank mit dem Anbieter kooperiert.

# Banking per Sprachbefehl

In Deutschland nutzen Verbraucher Sprachassistenten wie Alexa von Amazon, Siri von Apple oder Google Assistent vorwiegend, um beispielsweise ein Restaurant zu finden, Informationen zu einem bestimmten Thema zu erhalten oder Musik abzuspielen. Doch findet auch das sogenannte Smart Home immer größeren Zuspruch. Durch die Vernetzung etwa von Haushaltsgeräten lässt sich per Sprachbefehl die Waschmaschine ebenso einschalten wie der Kaffeeautomat, der Saugroboter oder der automatische Rasenmäher.

Für das Banking werden Sprachassistenten hingegen kaum genutzt – ganz im Gegensatz zu den USA. Viele US-Amerikaner sehen es als selbstverständlich an, mit Onlinehändlern oder auch ihren Banken per Sprachassistenten zu kommunizieren. So begleichen sie ihre Rechnungen, veranlassen Überweisungen und kaufen ein. Inzwischen wird dieses sogenannte Voice-Banking auch hierzulande zumindest eingeschränkt von einigen Banken angeboten. Eingeschränkt, weil es bisher noch nicht möglich ist, zum Beispiel Überweisungen oder andere Aufträge, die eine TAN-Eingabe erfordern, per Sprachbefehl freizugeben.

### Voice-Banking mit Banking-Action der Sparkassen

Mithilfe der Banking-App der Sparkassen können Sie über das Smartphone Ihren Finanzstatus oder Informationen über Abbuchungen der vergangenen drei Tage abfragen. Dazu benötigen Sie:

- ▶ **Smartphone** oder Tablet
- ▶ **Google-Konto**
- ▶ **Intelligenten Lautsprecher** mit integriertem Google-Home-Sprachassistenten
- ▶ **Für Onlinebanking freigeschaltetes** Sparkassen-Konto
- ▶ **Die Zugangsdaten** für das Onlinebanking bei Ihrer Sparkasse

So richten Sie Voice-Banking bei der Sparkasse ein:

**1** Installieren Sie die Google-Home-App auf Ihrem Smartphone oder Tablet.

**2** Führen Sie die Grundeinrichtung des Lautsprechers durch.

**3** Sagen Sie: „Okay Google, sprich mit Sparkasse Banking", um *Banking-Action* zu aktivieren.

**4** Öffnen Sie die Google-Home-App, um Ihr Konto einzurichten.

**5** Sie sehen nun im Display die neue Aktivität *Mit Sparkasse Banking verknüpfen!*

**6** Tippen Sie auf *Verknüpfen*.

**7** Geben Sie den Namen Ihrer Sparkasse ein und tippen Sie auf *Weiter*.

**8** Melden Sie sich nun mit Ihren *Zugangsdaten* für das Online-banking an.

**9** Wählen Sie den Funktionsumfang für den Sprachassistenten und tippen Sie auf *Weiter*.

**10** Legen Sie Ihre mindestens vierstellige *Voice-PIN* fest.

**11** Lesen Sie die Nutzungsbedingungen. Sie müssen diesen zustimmen, wenn Sie den Sprachassistenten nutzen möchten.

**12** Geben Sie die erzeugte *TAN* ein, um die Kontoverknüpfung abzuschließen.

## Voice-Banking bei Comdirect

Auch Comdirect nutzt den Sprachassistenten von Google. Sobald Sie Ihr individuelles Voice-Passwort sagen, erfahren Sie per Sprachbefehl unter anderem Ihren Kontostand, Realtime-Kurse und Börsennachrichten. Überweisungen lassen sich wie bei den Sparkassen nur vorbereiten. Bei Comdirect gehen Sie dazu folgendermaßen vor:

**1** Sagen Sie: „Okay Google, rede mit Comdirect."

**2** Nennen Sie den Betrag und Empfänger: „Überweise 18 Euro an Maxima Musterfrau." Der Empfänger muss sich in Ihren Kontakten befinden.

**3** Schließen Sie die vorbereitete Überweisung in Ihrer Banking-App ab. Per Sprachassistenten freigeben können Sie die Zahlungen (noch) nicht.

**Info**

**Tipps für das Voice-Banking:** Während der Einrichtung verknüpft der Sprachassistent Sie als Zugriffsberechtigten mit Ihrer Stimme. Zusätzlichen Schutz bietet ein Voice-Passwort. Allerdings müssen Sie den Nutzungsbedingungen des Anbieters Ihres gewünschten digitalen Assistenten zustimmen.

▶ Lesen Sie die Nutzungsbedingungen sorgsam durch. In ihnen erfahren Sie, wo Ihre Daten gespeichert werden und wer darauf zu welchem Zweck zugreifen kann.

▶ Löschen Sie gelegentlich Ihren Aktivitätsverlauf.

▶ Nutzen Sie den Sprachassistenten nur in einem sicheren WLAN.

▶ Halten Sie Ihr Betriebssystem und die Apps immer auf dem neuesten Stand.

# Sichere Passwörter generieren und verwalten

Passwörter funktionieren wie Schlüssel. In der digitalen Welt dienen sie dazu, den Zugang zu einem in der Regel abgesicherten Bereich zu verschließen.

Insofern ist es natürlich sinnvoll, Passwörter möglichst komplex zu gestalten und niemals dasselbe für unterschiedliche Onlineshops oder Internetplattformen zu verwenden. Auch ist es nachvollziehbar, dass Passwörter am besten auswendig gelernt werden sollten, damit kein Dritter darauf zugreifen kann. In der Praxis lässt sich dies jedoch kaum umsetzen.

→ **Voraussetzungen für ein sicheres Passwort**

Mindestens zehn, am besten 20 Zeichen

Groß- und Kleinbuchstaben, Zahlen und Sonderzeichen

Externe, verschlüsselte und für Dritte nicht zugängliche Aufbewahrung

Für jedes (Kunden-)Konto ein eigenes Passwort

Siehe auch „Sicheres Passwort erstellen", Seite 23

Für die sichere Verwahrung Ihrer persönlichen Schlüssel bieten sich Apps an, die Ihre Passwörter in einer Cloud speichern, deren Zugang durch ein Masterpasswort versperrt ist. Der Speicherort nennt sich meist „Vault", die englische Bezeichnung für „Tresor". Diese sogenannten Passwortmanager können aber noch viel mehr. Über einen integrierten Passwortgenerator erstellen sie lange, komplexe Passwörter für jedes Internetportal und Onlinekonto. Bei Bedarf werden die Login-Daten dann – meist per Browser-Erweiterung oder App – automatisch in die Anmeldefelder eingegeben.

Sie selbst müssen sich nur noch den Zugang zu Ihrem persönlichen Schlüsseltresor merken: Ihr Masterpasswort. Zusätzlich empfiehlt es sich, den Zugang mit einem zweiten Faktor abzusichern, beispielsweise einem biometrischen Merkmal wie Fingerabdruck oder Gesichtserkennung. Leider bieten nicht alle Programme eine solche Option an.

## Passwortmanager auf dem Prüfstand

Die Experten von Finanztest haben elf Passwortmanager auf den Prüfstand gestellt (test 2/2020). Getestet wurden die Sicherheitsfunktionen, die Handhabung, der Funktionsumfang, der Basisschutz persönlicher Daten und ob die Nutzungsbedingungen bzw. AGB der Anbieter Mängel im Sinne unzulässiger Klauseln aufweisen.

Drei Manager schnitten gut ab: Den Sieg errang Keeper Security. Auf dem zweiten Platz landete 1Password und auf dem dritten Platz KeePass (test.de/passwortmanager).

Jeder Manager hat weitere nützliche Funktionen. So kann der Login alternativ zum Masterpasswort mit einem zweiten Faktor erfolgen, etwa einem biometrischen Merkmal – sofern Sie die App nicht zuvor gesperrt haben. Von Vorteil ist zudem die Möglichkeit, eine Einschätzung über die Sicherheit des gewünschten Masterpassworts zu erhalten.

Hinzu kommt, dass alle drei eine Option bereitstellen, um den Zugriff zum Schlüsselbund zu ermöglichen, sollten Sie Ihr Masterpasswort vergessen haben. Sehr praktisch ist die Möglichkeit, Unterordner zu erstellen, um die verschiedenen Internetportale und Apps thematisch zusammenzufassen.

KeePass ist ein Open-Source-Programm, das seinen Programmcode offenlegt. Dadurch erleichtert es die eigene Optimierung. Neben den internen Experten können auch externe nach Fehlerquellen suchen. Zu den weiteren Vorzügen von KeePass zählt, dass sein Vertragswerk keine Mängel enthält. Alle anderen Manager weisen sehr deutliche Mängel auf, etwa Klauseln, die die Nutzer benachteiligen.

Allerdings gestaltet sich die Ersteinrichtung besonders aufwendig: Sie müssen die Synchronisation mit anderen Geräten (etwa über einen Cloud-Dienst) selbst vornehmen. Außerdem ist die offizielle Software von KeePass nur für Windows erhältlich. Bei Android, iOS und macOS benötigen Sie Drittanbieter. Lösungen über Gratis-Programme finden Sie unter keepass.info/download.html.

### Ersteinrichtung eines Passwortmanagers

Um die Vorteile eines Passwortmanagers optimal auszuschöpfen, benötigen Sie Zeit. Folgende Punkte sind zu berücksichtigen:

**1** Erstellen Sie eine Liste Ihrer wichtigsten Onlinekonten samt Nutzername und Passwort.

**2** Generieren Sie für jedes Portal ein neues Passwort, wenn Sie den Passwortgenerator nicht nutzen möchten.

**3** Richten Sie den Manager für jedes Gerät ein, mit dem Sie im Netz surfen. Die Synchronisation der Dateien erfolgt bei den meisten Passwortmanagern automatisch.

So funktioniert die Einrichtung eines Passwortmanagers in wenigen Schritten auf dem PC oder Notebook:

**1** Gehen Sie auf die Website des gewünschten Passwortmanagers und legen Sie ein *Nutzerkonto* an. In den meisten Fällen erfolgt die Erstellung des Nutzerkontos im Rahmen der Registrierung.

**2** Laden Sie die Installationsdatei auf Ihren Computer herunter und installieren Sie das Programm. Wählen Sie ein *Masterpasswort*.

**3** Installieren Sie die Browser-Erweiterung Ihres Managers und legen Sie in den Browser-Einstellungen fest, dass sich Ihr Manager künftig standardmäßig um die Anmeldedaten kümmern soll.

**4** Schließen Sie alle Fenster und starten Sie den Browser neu.

**5** Laden Sie die App Ihres Passwortmanagers auf Ihr Smartphone und gegebenenfalls auf Ihr Tablet.

**6** Besuchen Sie alle wichtigen Internetseiten und Apps und melden Sie sich dort mit Ihren Login-Daten an. Ihr Manager fragt nun, ob er die Anmeldedaten speichern soll. Bestätigen Sie, wenn es Ihnen nur um die Speicherung und automatische Eingabe Ihrer Passwörter geht.

### Zusätzliche Einrichtung eines Passwortgenerators

**1** Möchten Sie die Sicherheit Ihrer Passwörter erhöhen, lehnen Sie das Speichern Ihrer Login-Daten ab.

**2** Melden Sie sich stattdessen mit Ihrem gewohnten Passwort an und suchen Sie den Bereich für *Passwort ändern* auf.

**3** Geben Sie in das dafür vorgesehene Feld Ihr altes Passwort ein.

**4** Klicken Sie auf das Feld für das neue Passwort. Jetzt sollte ein Symbol Ihres Passwortmanagers erscheinen. Bestätigen Sie, dass der Manager ein neues Kennwort für Sie generiert. Eventuell müssen Sie das generierte Passwort an die Vorgaben der Seite anpassen.

**5** Speichern Sie anschließend das neue Passwort sowohl im jeweiligen Portal als auch in Ihrem Manager.

Weitere Informationen und Problemlösungen finden Sie im test-Heft 2/2020 oder im Internet unter test.de/Passwortmanager.

### Mobile Passwortmanager

Sie möchten Ihren Passwortmanager auch oder gar ausschließlich auf dem Smartphone nutzen?

In der Regel gestaltet sich der Ablauf für die Installation einer Passwortmanager-App bei allen Anbietern ähnlich.

Wir zeigen es Ihnen am Beispiel der App *1Password*, die es sowohl für Android als auch für das iPhone gibt. Die App ist zunächst gratis, verlangt aber nach einem Probezeitraum ein kostenpflichtiges Abomodell (38 Euro pro Jahr).

### 1Password auf dem iPhone einrichten

Hier wird die Einrichtung auf einem iPhone gezeigt – auf einem Android-Smartphone ist die Menüführung aber sehr ähnlich.

1. Laden Sie die App *1Password* aus dem App Store auf Ihr iPhone (bzw. aus dem Google Play Store, wenn Sie ein Android-Smartphone nutzen).

2. Öffnen Sie die App.

3. Lesen Sie die Nutzungsbedingungen und Datenschutzrichtlinien durch.

4. Wählen Sie die Art Ihres Abonnements und tippen Sie auf *Jetzt abonnieren* – oder nutzen Sie die App zunächst 30 Tage lang kostenlos.

5. Geben Sie eine gültige *E-Mail-Adresse* ein. Zur Bestätigung Ihrer E-Mail-Adresse wird Ihnen per Mail ein Code geschickt.

6. Geben Sie den *Code* in das vorgesehene Feld auf Ihrem Smartphone ein.

7. Tragen Sie einen Namen ein und stimmen Sie den Nutzungsbedingungen sowie Datenschutzrichtlinien durch ein Tippen auf *Weiter* zu.

8. Erstellen Sie ein komplexes *Master-Passwort*.

9. Geben Sie es erneut ein und tippen Sie auf *Anmelden*, um die Kontoerstellung abzuschließen.

10. Aktivieren Sie bei Bedarf *Automatisches Ausfüllen des Passworts*: Wechseln Sie erst zu den *Einstellungen*. Tippen Sie auf *Passwörter & Konten > AutoFill-Passwörter > AutoFill aktivieren > 1Password auswählen*

11. Wählen Sie *Mit Touch ID entsperren* beziehungsweise bei neueren Geräten *Face ID*.

12. Erkunden Sie die Funktionen der App, indem Sie auf den *Wiedergabe*-Pfeil links neben *Erfahren, wie Sie Passwörter speichern können und vieles mehr* tippen.

# Werbeblocker und Datenschützer

Jeder Mensch ist anders. Die wenigsten möchten jedoch online zu viele Nutzerdaten preisgeben, und die meisten verzichten gern auf ständige Werbeeinblendungen.

Abhilfe schaffen geeignete Browser, VPN-Dienste mit eingebautem Werbeblocker und Erweiterungen von Drittbietern für Ihren Browser. Sie alle schützen Ihre Privatsphäre (mehr oder weniger) vor sogenannter Adware. Ein virtuelles privates Netzwerk (VPN) verschleiert sogar Ihre Identität beziehungsweise – akkurater formuliert – die IP-Adresse Ihres Gerätes.

### Was ist Adware?

Adware – ein Kofferwort aus Advertisement (Werbung) und Software – dient dazu, Werbung einzublenden. Gern wird sie in kostenlose Apps oder Hilfsprogramme eingebettet. Und in den meisten Fällen verdirbt sie schnell „den Spaß an der Freude", beispielsweise wenn Sie zum Spielen der nächsten Stufe eines Gratisspiels, vor der Nutzung einer App oder um ein Video auf YouTube zu sehen, erst einen Werbeclip über sich ergehen lassen müssen – wenn Sie Pech haben sogar stets denselben.

Das ist aber noch nicht alles. Je nach Adware kann sie auch dazu genutzt werden, Ihr Surfverhalten und somit Ihre Interessen aufzuzeichnen. Sie folgt Ihnen von Webseite zu Webseite, „Tracking" genannt, und kennt Ihren Standort – sofern Sie diese Funktion eingeschaltet haben.

Böswillige Adware wiederum funktioniert wie Malware (siehe „Mögliche Risiken", Seite 16). Als Schadprogramm infiziert sie Ihren Browser oder Ihr Gerät, sobald Sie auf die Werbung klicken beziehungsweise tippen.

**Sinnvoller Schutz**

Umso sinnvoller gestaltet sich die Installation eines vielfältig „blockenden" Programmes.

Interessant sind vor allem drei Funktionen:

▶ **Angezeigt werden nur Werbebanner ohne Ton,** die kaum Daten verbrauchen und keine Inhalte abdecken.

▶ **Es kommt zu keiner Datenerhebung** über Ihr Suchverhalten.

▶ **Ihre IP-Adresse lässt sich** von den Betreibern der besuchten Websites nicht zurückverfolgen.

Wir stellen Ihnen einige Anbieter vor, möchten jedoch darauf hinweisen, dass die nachfolgenden Beschreibungen nur als Beispiele dienen und nicht als Empfehlungen zu verstehen sind.

→ **Alles gratis im Internet?**

Im Netz hat sich über die Jahre eine gewisse Erwartungshaltung eingestellt, vieles kostenlos zu bekommen. Bedenken Sie dabei, dass Zeitschriftenartikel und -recherchen, Ihr Lieblingsblog mit den neuesten Buch- oder Musikrezensionen, aber auch die Google-Dienste Geld kosten. Google nutzt deshalb seit Jahren Ihre Daten als Währung. Wenn Sie lieber Ihre Webseiten statt Google unterstützen möchten, gehen Sie direkt zu der gewünschten Website und deaktivieren Sie dort die Werbeblocker.

**Mehr Schutz beim Surfen**

Beim Free Adblocker Browser – AdBlock & Popup Blocker handelt es sich um eine Erweiterung Ihres Browsers. Diese entfernt beispielsweise Banner, Pop-ups und Videos, blockt Cookies von Drittanbietern und warnt vor Betrugsseiten sowie Adware. Dadurch sparen Sie Strom und schonen Ihr Datenvolumen.

Leider sind einige Funktionen wie das Deaktivieren der Speicherung Ihres Browserverlaufes kostenpflichtig.

So installieren Sie den speziellen Browser:

**1** Laden Sie die App über einen offiziellen App Store herunter.

**2** Lesen Sie die Datenschutzbestimmungen durch, bevor Sie ihnen zustimmen.

**3** Tippen Sie mehrfach auf das *Pfeil*-Symbol, um den Free Adblocker Browser anstelle Ihres aktuellen Browsers zu verwenden und einen Einblick in die Funktionen zu erhalten.

**4** Tippen Sie auf *Fortfahren*, wenn Sie die App als Standardbrowser festlegen möchten.

> **Als Standardbrowser festlegen?**
>
> Wähle Free Adblocker Browser und dann immer auswählen
>
> ABBRECHEN    FORTFAHREN

Ähnliche Leistungen bietet der Opera-Browser. Neben dem Surfen im Privatmodus sowie Werbe- und Tracker-Blocker gibt es einen Datensparmodus. Er sorgt dafür, dass Internetseiten schneller geladen werden. Zudem lässt sich kostenlos ein virtuelles privates Netzwerk (VPN) einrichten und nutzen.

Verfügbar ist der Browser jedoch nur für Android. Zwar können iOS-Nutzer die Variante Opera Touch nutzen. Sie ergibt in Bezug auf Datenschutz allerdings kaum Sinn. Die wichtigsten Funktionen wie Privatmodus oder VPN fehlen.

Beim AdBlock Browser von eyeo ist standardmäßig die Funktion *Acceptable Ads* aktiviert. Dabei handelt es sich um unaufdringliche, stets mit dem Wort „Werbung" gekennzeichnete Anzeigen, die der Anbieter nach selbst erstellten Regeln auf eine Whitelist setzt. Sie können die Liste auf der Homepage des Anbieters einsehen. Und ja, sie ist sehr lang. Alternativ besteht die Möglichkeit, die Funktion *Acceptable Ads* unter *Einstellungen* manuell zu deaktivieren.

Mit dem Adblock Browser Beta befindet sich seit dem Herbst 2019 eine neue Version in der Testphase. Abenteuerlustige Surfer sind aufgerufen, Ihre Erfahrungen zu teilen. Letztendlich soll der Browser Leistungsverbesserungen beim Blockieren von Werbung bieten und ein flüssigeres Surfen ermöglichen.

## Spurlos surfen

Möchten Sie im Netz keine persönliche Spur in Form Ihrer IP-Adresse hinterlassen, empfiehlt es sich, einen VPN-Dienst zu nutzen (siehe „Das virtuelle private Netzwerk", Seite 31). Nach der Installation ist Ihre Verbindung verschlüsselt und mit Ihrer IP-Adresse auch der Standort Ihres Gerätes verschleiert. Bedenken Sie dabei jedoch, dass Sie damit wiederum dem VPN-Anbieter Ihre Daten geben. Die hier vorgestellten Anbieter sind nur eine Auswahl und stellen keine Empfehlung dar (siehe auch test.de, Special „Datensicherheit").

Beispielsweise verbirgt *NordVPN*, wenngleich gegen Gebühr, über seine 5 200 weltweit verstreuten Server Ihre IP-Adresse, um Ländersperren zu umgehen.

Auch *CyberGhost VPN* verschleiert gegen Gebühr Ihre IP-Adresse. Der integrierte Werbeblocker schützt vor Malware, entfernt jedoch nicht jede Werbung.

Als kostenfreie App gibt es zum Beispiel den *Free unblock VPN & security VPN by VPN Proxy Master* im App Store von Apple oder Google. Um ihn zu nutzen, tippen Sie auf: *Select the fastest server > free*. Wählen Sie einen Anbieter aus der Liste. Tippen Sie auf *OK*, um die Herstellung der Verbindung zu gewähren. Die kostenfreie App erlaubt Werbeunterbrechungen, deren Frequenz gerade bei Sendungen außerhalb Europas relativ anstrengend sein kann. Zudem kann sich die Surfgeschwindigkeit verlangsamen.

## Firefox Browser

Der Firefox Browser von Mozilla enthält einen Tracking-Schutz. Dieser blockt über 2 000 Online-Tracker, um Unternehmen daran zu hindern, Ihre persönlichen Daten ohne Ihre Zustimmung zu sammeln.

Surfen Sie im *Privaten Modus*, wird Ihre Chronik automatisch gelöscht. Mit Firefox können Sie zudem Ihre Passwörter verwalten und unerwünschte Werbung blockieren.

# Bezahlen beim Onlineshopping

Der größte Vorteil von Onlineeinkäufen liegt auf der Hand: Unabhängigkeit. Sobald Sie Ihr Gerät mit dem Internet verbinden, können Sie im Grunde zu jeder Zeit und an jedem Ort auf Shoppingtour gehen. Damit die Freude nicht getrübt wird, haben wir die wichtigsten Informationen zu den bekanntesten Bezahlmethoden und -systemen für Sie zusammengefasst. Denn wo auch immer Sie einkaufen – ob im Internet oder im Geschäft um die Ecke –, am Ende erwartet Sie die Kasse.

# Vielfalt der Bezahlmethoden

**In Deutschland fungierte** laut EHI-Studie „Online-Payment 2019" als beliebteste Bezahlmethode beim Onlineshopping im Jahr 2018 die Rechnung. Sie können diese entweder per Zahlschein in Ihrer Filiale oder per Online- beziehungsweise Smartphone-Banking begleichen (siehe den Abschnitt „Überweisung und Dauerauftrag", Seite 56).

### Die Vorteile beim Bezahlen auf Rechnung

▶ **Sie erhalten** erst die Ware und können meist bis zu zwei Wochen testen, ob sie Ihnen zusagt.

▶ **Sie bezahlen** nur jenen Betrag, den die bei Ihnen verbleibenden Artikel kosten.

▶ **Die Sicherheitsmaßnahmen** Ihrer Bank und die Zwei-Faktor-Authentifizierung gewährleisten ein Höchstmaß an Sicherheit und Datenschutz.

### Die Nachteile beim Bezahlen auf Rechnung

▶ **Sollten sich erhebliche Mängel** an der Ware erst nach der Überweisung des Betrages herausstellen, kann sich Ihre Bank den Betrag nicht mehr zurückholen.

▶ **Nach der Reklamation** liegt es am Anbieter, den Betrag zu erstatten. Eventuell ist ein aufwendiges und kostenintensives Gerichtsverfahren notwendig.

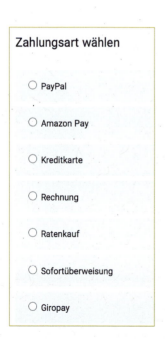

▶ **Gerade Rechnungen** sind schnell verlegt und Mahnungen oft mit Gebühren verbunden.

### Weitere Zahlungsarten im Überblick

Bereits an zweiter Stelle auf der Beliebtheitsskala findet sich mit PayPal der erste Onlinebezahldienst. Er punktet mit einfacher Handhabung und Käuferschutz. Wissenswertes und worauf Sie achten sollten, lesen Sie ab Seite 129.

Beinahe ebenso viele Käufer vertrauen bei der Bezahlmethode auf den Bankeinzug. Zu seinen Vorzügen zählt, dass kein dritter Zahlungsdienstleister beteiligt ist und Sie sich trotzdem nicht um eine rechtzeitige Begleichung Ihrer Einkäufe kümmern müssen. Es liegt in der Verantwortung des Zahlungsempfängers, ob und wann das Geld von Ihrem Konto eingezogen wird.

Allerdings haben nicht viele Onlinehändler eine solche Bezahlmethode im Angebot. Insbesondere kleine Händler können sich die Durchsetzung Ihrer Forderung oft nicht leisten, sollte die Rückbuchung ungerechtfertigt stattfinden, etwa weil die Ware:

▶ **nicht zurückgeschickt** wird

▶ **eindeutig durch** unsachgemäße Nutzung zu Schaden gekommen ist

▶ **nach mehrmaliger Nutzung** ohne ersichtlichen Grund zurückgeschickt wurde

Auch die Rechnung können Sie nicht überall als Bezahlmethode wählen. Einige Onlinehändler bieten sie aus Angst vor einer Zahlungsunwilligkeit oder -unfähigkeit des Kunden gar nicht an, andere erst, nachdem bereits eine für den Händler vorteilhaftere Zahlweise verwendet wurde.

Zudem gibt es unseriöse Shops, in denen nur Bezahlmethoden zur Auswahl stehen, die dem Kunden im Falle einer gerechtfertigten Reklamation oder ausstehenden Warenlieferung eine Rückerstattung des gezahlten Betrages beinahe unmöglich machen.

An vierter Stelle der beliebtesten Bezahlmethoden im Internet findet sich die Kreditkarte. Die übrigen in etwa 20 Prozent teilen sich Ratenkauf, Vorkasse, Zahlung bei Abholung, Sofortüberweisung, Nachnahme, Amazon Pay und weitere Zahlungsarten wie etwa Giropay, Paydirekt oder auch Geschenk- und Prepaidkarten.

## Die Lastschrift

Im Grunde handelt es sich bei der Lastschrift um einen spiegelbildlichen Ablauf der Überweisung: Nicht Sie als Käufer oder Kunde veranlassen eine Zahlung, sondern der Zahlungsempfänger beauftragt seine Bank, den Rechnungsbetrag von Ihrem Konto abzubuchen. Dazu benötigt er allerdings Ihre Kontodaten und Ihre Zustimmung.

Besonders gern werden Einzugsermächtigungen bei regelmäßig wiederkehrenden Zahlungen erteilt. In Form von SEPA-Lastschriften lassen sich Forderungen beispielsweise des Finanzamtes, diverser Versicherungen, der Bundeskasse für die Kfz-Steuer, Krankenkassen, Mobilfunk- und Stromanbieter, von Spendenorganisationen oder weiterer regelmäßig anstehenden Zahlungen stets pünktlich und ohne weiteren Aufwand begleichen.

Interessant als Bezahlmethode für Onlineeinkäufe macht die Lastschrift, dass sie sich innerhalb von acht Wochen widerrufen lässt. Zu den möglichen Gründen für eine Rückbuchung gehört beispielsweise, dass der Abbuchungsbetrag falsch ist, die Sendung nicht eintrifft oder die Ware aufgrund diverser Mängel zurückgeschickt wird. Rechtswidrige Abbuchungen können sogar 13 Monate lang zurückgebucht werden.

Allerdings gilt es, bei dieser Zahlungsmöglichkeit einige Dinge zu beachten:

▶ **Halten Sie Betriebssystem,** Browser und Antivirensoftware Ihres Gerätes stets auf dem neuesten Stand.

▶ **Überprüfen Sie die Webadresse** des Anbieters. Am Anfang des Eintrages muss *https://* stehen. Auf eine sichere Datenverbindung deutet auch ein kleines *Schloss*-Symbol vor dem Namen des Händlers hin.

▶ **Nutzen Sie das Lastschriftverfahren** nur bei vertrauenswürdigen Onlinehändlern. Hilfreich für eine Beurteilung sind Kundenbewertungen in unterschiedlichen Internetforen und Gütesiegel. Seriöse Händler veröffentlichen auf ihrer Internetseite neben Firmennamen und Kontaktdaten auch die Adresse ihres Hauptsitzes, den Eintrag in das Handelsregister, Informationen über Preise und Versandkosten sowie zum Widerrufs- und Rückgaberecht (weitere Informationen unter test.de/online-shopping.

▶ **Sorgen Sie dafür,** dass sich auf Ihrem Konto die notwendige Deckungssumme befindet, da die Rückbuchung einer Zahlung in der Regel mit Gebühren verbunden ist.

**Info**

**Prüfung von Gütesiegeln:** Für die Überprüfung eines Gütesiegels stehen Ihnen zwei Wege offen:

▶ Ein Klick auf das Symbol des Gütesiegels: Bei Echtheit werden Sie zur Unternehmensseite des Zertifikatausstellers weitergeleitet, können Informationen zum jeweiligen Träger des Siegels und die Gültigkeit des Zertifikats prüfen. Bei Trusted Shops sehen Sie dazu alle Kundenbewertungen.

▶ Gehen Sie auf die Website des Zertifikatausstellers und suchen Sie den Shop in der Datenbank.

## → Seriöse Gütesiegel im Onlinehandel

Seriöse Gütesiegel beruhen auf einem qualitativ hochwertigen Kriterienkatalog, der öffentlich einsehbar ist. Zudem muss die Einhaltung der Kriterien von einer unabhängigen Zertifizierungsstelle regelmäßig geprüft und kontrolliert werden. In Deutschland vertrauen die meisten Kunden beim Onlineshopping folgenden Gütesiegeln:

**Trusted Shops:** Nach eigenen Angaben tragen weltweit rund 25 000 Onlineshops das Gütesiegel „Trusted Shops" des gleichnamigen Unternehmens aus Köln. Zu den geforderten Qualitätskriterien gehören beispielsweise bestimmte Anforderungen in Bezug auf Datensicherheit, Kundenservice und Verbraucherschutz. Wer bei Einkäufen den Käuferschutz genießen möchte, muss sich zuvor anmelden. Die kostenfreie Mitgliedschaft bietet einen Käuferschutz bis 100 Euro pro Einkauf, die kostenpflichtige bis 20 000 Euro pro Einkauf.

**EHI Geprüfter Onlineshop:** Das EuroHandelsinstitut (EHI) prüft Onlineshops anhand von 200 Einzelkriterien. Das Gütesiegel wird jedes Jahr neu verliehen. Im Frühjahr 2020 waren nach eigenen Angaben über 600 namhafte Shops dabei.

**TÜV s@fer-shopping:** Auch das Gütesiegel des TÜV SÜD erhalten nur jene Shops, die bestimmte Anforderungen erfüllen. Im Fokus der über 100 Prüfkriterien stehen sichere und transparente Onlineeinkaufsvorgänge sowie ein angemessener Kundenservice. Das Zertifikat gilt für zwei Jahre, sofern erst alle Prüfungen und im zweiten Jahr ein Überwachungsaudit bestanden werden.

Quelle: eigene Angaben der Anbieter, Stand: Mai 2020

## Vorkasse und Nachnahme

Bei der Vorkasse handelt es sich um eine Überweisung. Allerdings ist diese Bezahlmethode mit dem Risiko verbunden, dass der bestellte Artikel niemals bei Ihnen ankommt. Indem Sie die Überweisung selbst veranlasst und autorisiert haben, kann Ihre Bank den Betrag nicht zurückfordern. Bei unseriösen Anbietern müssen Sie unter Umständen eine Klage einreichen, um Ihr Geld zurückzubekommen.

Die Wahl „per Nachnahme" ist von Beginn an ungünstig:

▶ Die Lieferung erfolgt stets mit Zusatzkosten.

▶ Der Bote händigt das Paket erst aus, nachdem Sie den geforderten Betrag bezahlt haben – Sie können also nur hoffen, dass der Inhalt des Pakets Ihrer Bestellung entspricht und keine Mängel aufweist.

▶ Eine Rückerstattung der Kosten ist von der Kulanz des Anbieters oder – sofern Sie klagen – der Entscheidung eines Richters abhängig. Bei Shops, die in betrügerischer Absicht handeln, hilft vermutlich auch eine Klage nicht. Sie melden in der Regel bereits vor der Vollstreckbarkeit des Urteils Insolvenz an.

### Die Kreditkarte

Aufgrund der notwendigen Zwei-Faktor-Authentifizierung – mit 1.1.2021 verpflichtend – muss Ihre Kreditkarte für ein 3D-Secure-Verfahren registriert sein. Bei Visa nennt es sich etwa „Verified by Visa", bei Mastercard „Mastercard Identity" und bei American Express „Safekey".

Für die Registrierung Ihrer Kreditkarte benötigen Sie einen Identifikations- beziehungsweise Aktivierungscode. Je nach Bank erhalten Sie ihn im Rahmen des Registrierungsprozesses

▶ **per Überweisung:** Innerhalb weniger Tage wird Ihnen ein Cent gutgeschrieben. Der Code verbirgt sich in der Informationszeile der Gutschrift.

▶ **per Umsatzanzeige:** Oft Minuten später sehen Sie auf der Umsatzanzeige der Kreditkartenrechnung den Code.

▶ **per Post:** Die Bank schickt Ihnen einen Brief mit dem Identifikationscode zu.

Viele Banken ermöglichen die Registrierung einer Kreditkarte auf einer speziellen Internetseite, bei den Volks- und Raiffeisenbanken etwa sicher-online.de, bei den Sparkassen sparkassen-kreditkarten.de.

Die Registrierung selbst läuft bei den meisten Banken ähnlich ab:

**1** Gehen Sie auf die Registrierungswebsite der kartenherausgebenden Bank.

**2** Geben Sie Ihre *Kreditkartennummer* und eventuell *Namen* und *Adresse* ein.

**3** Lesen und akzeptieren Sie die Sonderbedingungen.

**4** Fordern Sie den Aktivierungscode an.

**5** Gehen Sie erneut auf die Registrierungswebsite, tragen Sie Ihre *Kreditkartennummer* ein und bestätigen Sie die Sonderbedingungen.

**6** Geben Sie in der Folgemaske den *Aktivierungscode* ein.

**7** Wählen Sie eines der angebotenen *TAN-Verfahren* (siehe S. 10).

**8** Bestätigen Sie die Registrierung mit einer *TAN*.

Nicht bei allen Banken bedarf es einer Registrierung der Kreditkarte. Sind Sie bereits zum Onlinebanking angemeldet, wird Ihre Kreditkarte beispielsweise bei der Commerzbank oder der Postbank automatisch für das 3D-Secure-Verfahren freigeschaltet. Für das Generieren einer TAN nutzen Sie dasselbe Verfahren wie bei Ihrem Onlinebanking.

Entscheiden Sie sich bei Ihrem Onlineeinkauf für eine Zahlung per Kreditkarte, müssen Sie während des Bestellvorgangs die entsprechende Option markieren. Nachdem Sie Ihre Bestellung überprüft und bestätigt haben, öffnet sich eine Eingabemaske.

Meist werden Sie aufgefordert, neben *Kreditkartennummer*, *Geltungsdauer* und *Prüfnummer*, Ihren *Namen*, Ihre *Rechnungsadresse*, *Telefonnummer* und *E-Mail-Adresse* einzugeben. Auf welche Weise Sie die Zahlung freigeben, hängt vom gewählten TAN-Verfahren

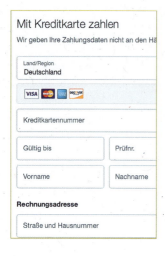

ab. Bei den Sparkassen können Sie beispielsweise eines der folgenden zwei Verfahren anwenden:

**1** SMS-TAN: Sie erhalten eine mTAN per SMS an die hinterlegte Mobilfunknummer geschickt. Nach Eingabe der *mTAN* auf der Internetseite erscheint eine Bestätigung. Eventuell müssen Sie zusätzlich eine Sicherheitsfrage beantworten. Frage und Antwort haben Sie bereits im Registrierungsprozess festgelegt.

**2** AppTAN: Auf Ihrem Smartphone erscheint über die App *S-ID-Check* eine Push-Nachricht mit Datum, Händlernamen und Zahlungsbetrag. Gleichen Sie die Zahlungsdetails mit jenen auf der Internetseite ab und bestätigen Sie die Zahlung per *PIN* oder *Fingerabdruck*.

Üblicherweise erhalten Sie direkt im Anschluss vom jeweiligen Onlinehändler eine Bestätigungsmail mit den Bestelldaten und der gewählten Zahlungsweise.

**Info**

### Mehr Sicherheit bei der Kreditkartenzahlung:

▶ Sichern Sie Mobilfunkgerät und Apps mit PIN, Passwort und Fingerabdruck bzw. Gesichtserkennung / Face ID.

▶ Überprüfen Sie in der Adresszeile des Browsers, ob die Adresse des Onlinehändlers mit *https* beginnt. Für eine sichere Verbindung spricht auch *ein kleines Schloss* vor dem Namen des Anbieters.

▶ Nach der Weiterleitung auf die 3D-Secure-Seite gelten dieselben Maßnahmen für die Internetseite mit der Eingabemaske.

▶ Brechen Sie den Vorgang ab, wenn die Zahlungsdetails auf Internetseite und Smartphone nicht übereinstimmen.

▶ Kontaktieren Sie sofort Ihre Bank, wenn Sie Unstimmigkeiten feststellen.

# Onlinebezahldienste

Ohne Zweifel sind Bezahldienste beim Onlineshopping praktisch. Die Beträge werden in der Regel automatisch von Ihrem Konto abgebucht. Haben Sie Ihre Versandinformationen bei einem Anbieter wie PayPal oder Amazon Pay hinterlegt, ersparen Sie sich zudem das Ausfüllen der Eingabemaske. Die notwendigen Informationen werden automatisch bereitgestellt.

Der Zahlungsvorgang findet nicht direkt zwischen dem Verkäufer und Ihnen als Kunde statt, sondern wird über einen Zahlungsvermittler abgewickelt. In Bezug auf die Zahlungsabwicklung gibt es drei unterschiedliche Methoden:

**1** Sie melden sich bei dem Bezahldienst mit Ihren Login-Daten an. Käufer und Verkäufer benötigen ein Konto bei dem entsprechenden Anbieter. Üblicherweise trägt der Verkäufer in Form eines prozentualen Anteils des Zahlungsbetrages die Kosten für den Dienst.

**2** Sie geben Ihre Kontodaten ein und diese werden durch den Bezahldienst verifiziert.

**3** Sie wählen einen Bezahldienst, der Sie auf den Onlinebanking-Bereich Ihrer Bank weiterleitet. Dort können Sie den Zahlungsbetrag per Überweisung begleichen.

Das wichtigste Kriterium bei der Wahl eines Internetbezahldienstes sollte nicht die Beliebtheit und somit Verbreitung sein, sondern die Seriosität. Und die bezieht sich insbesondere auf den Umgang mit Ihren vertraulichen Daten.

### Paydirekt

Bei beteiligten Banken und Sparkassen können Sie Paydirekt in Ihrem Onlinebanking anmelden. Es handelt sich um eine integrierte Zusatzfunktion. Im Zuge der Anmeldung werden Sie gebeten, einen

Benutzernamen einzutragen und ein Passwort (siehe „Sicheres Passwort erstellen", Seite 23) zu vergeben. Anschließend können Sie bei kooperierenden Onlinehändlern mit Benutzernamen und Passwort bezahlen. Alle Daten unterliegen dem deutschen Datenschutz und Bankgeheimnis.

Sollten Sie die Ware nicht erhalten, greift der Käuferschutz von Paydirekt. Sofern alle in den Teilnahmebedingungen geforderten Vorgaben zutreffen, erhalten Sie den Kaufbetrag sowie eventuell gezahlte Versandkosten vollständig erstattet. Ihre persönlichen Bankdaten werden an keinen Dritten weitergegeben.

### Giropay

Auch Giropay ermöglicht das sichere Bezahlen im Internet über Ihr Onlinebanking, sofern Sie Kunde bei einer der teilnehmenden Banken sind. Dazu zählen Sparkassen, Volks- und Raiffeisenbanken sowie die Postbank. Sie schalten den Dienst in Ihrem Onlinebanking frei, eine zusätzliche Registrierung ist nicht notwendig. Giropay leitet Sie zu Ihrem Onlinebanking-Bereich weiter, wo Sie Ihre *PIN* und (ab 30 Euro) eine *TAN* eingeben.

**Die Vorteile:** Mit Giropay nutzen Sie eine sichere und schnelle Zahlungsmöglichkeit. Die Rechnungsdaten werden automatisch übernommen. Verkäufer wiederum schätzen die Zahlungsgarantie.

### Klarna

Keine Registrierung oder Freischaltung benötigen Sie bei dem Bezahldienst *Sofort*. Es handelt sich um das Direkt-Überweisungsverfahren der Sofort GmbH, einer Gesellschaft der Klarna Group.

So gehen Sie vor:

**1** Wählen Sie als Zahlungsoption *Sofortüberweisung*.

**2** Kontrollieren Sie das bereits ausgefüllte Überweisungsformular und wählen Sie per Bankleitzahl Ihre Bank aus.

**3** Geben Sie in das geschützte Zahlungsformular Ihre Onlinebanking-Daten einschließlich *PIN* ein.

**4** Bestätigen Sie die Eingabe mit einer über das von Ihnen gewählte Verfahren generierten *TAN*.

Im Anschluss erhalten Sie eine Zusammenfassung aller Zahlungsdaten beziehungsweise eine direkte Kaufbestätigung des betreffenden Onlineshops.

Zu beachten ist, dass Sie bei *Sofort* neben Ihren Bankdaten auch sensible Informationen an einen Dritten weitergeben. Über die automatisierte Abfrage ermittelt die Klarna Group als Dienstleister nicht nur Ihren Kontostand zur Prüfung der Kontodeckung, sondern rückwirkend 30 Tage des Weiteren Umsätze, Kreditrahmen sowie Informationen über mit dem Konto verbundene andere Konten.

# Das PayPal-Konto

Von allen Bezahldiensten ist PayPal derzeit einer der beliebtesten Services. Besonders zwischen Freunden gestaltet sich der Geldtransfer schnell und unkompliziert. Bevor Sie die Dienste nutzen, sollten Sie die AGB lesen. Neben allgemeinen Erklärungen etwa zu Nutzungsbedingungen und Datenschutz beinhalten diese auch die Entgeltinformation. Sehen Sie sich zudem die Gebührenaufstellung in Anhang 1 der PayPal-Nutzungsbedingungen an.

Bei Währungsumrechnungen und grenzüberschreitenden Zahlungen beispielsweise müssen Sie mit Zusatzgebühren rechnen.

### Anmeldung

Die Kontoeröffnung bei PayPal gestaltet sich in der Regel folgendermaßen:

**1**  Lesen Sie vorab die Allgemeinen Geschäftsbedingungen.

**2**  Gehen Sie auf die offizielle Website von PayPal oder laden Sie die PayPal-App auf Ihr mobiles Gerät.

**3**  Wählen Sie *Jetzt anmelden* oder *Konto eröffnen*.

**4**  Geben Sie Ihren *Namen* und eine gültige *E-Mail-Adresse* ein.

**5**  Überlegen Sie sich ein *Passwort* (siehe „Sicheres Passwort erstellen", Seite 23).

**6**  Hinterlegen Sie Ihre *Kontaktdaten*.

**7**  Möchten Sie noch keine Zahlungsquelle angeben, überspringen Sie diesen Punkt.

**8**  Öffnen Sie Ihr E-Mail-Postfach und suchen Sie eine Nachricht von PayPal.

**9**  Klicken Sie zur Verifikation auf *Das ist meine E-Mail-Adresse*.

**10** Möchten Sie alle Funktionen von PayPal nutzen, klicken Sie unter *E-Börse* auf *Bankkonto hinzufügen*.

**11** Geben Sie Ihr *Geburtsdatum* und die Informationen zu Ihrem *Bankkonto* ein.

**12** Klicken Sie in der Leiste rechts oben auf *Ausloggen*.

**13** Merken Sie sich den *vierstelligen Code*, der sich wenige Tage später auf Ihrem Kontoauszug neben einer 1 Cent betragenden Gutschrift von PayPal befindet.

**14** Loggen Sie sich erneut bei PayPal ein.

**15** Klicken Sie auf *E-Börse* und unter Ihrem Bankkonto auf *Bestätigen*.

**16** Geben Sie den *Code* in das entsprechende Feld ein und bestätigen Sie erneut.

### Zweistufige Verifizierung

Um Ihr PayPal-Konto zu schützen, können Sie bei jedem Log-in zusätzlich zu Ihrem Passwort einen einmaligen Code verwenden:

Klicken Sie auf *Einstellungen* (*Zahnrad*-Symbol) >
*Sicherheit* > *Zweistufige Verifizierung*. Wählen Sie nun,
ob Sie den Sicherheitscode per SMS erhalten möchten
oder über eine Authentifizierungs-App.

### Bezahlen im Onlineshop

Viele Onlinehändler bieten inzwischen die Optionen
*Direkt zu PayPal* oder *Mit PayPal verbinden* an.
Sie möchten diese Bezahlmöglichkeit nutzen? Klicken
Sie auf *Direkt zu PayPal* und es öffnet sich eine Eingabemaske. Meist haben Sie die Wahl: Sie können die geforderten Informationen eingeben und über PayPal
per Lastschrift, ohne Zwei-Faktor-Authentifizierung,
bezahlen. Oder Sie nutzen Ihr PayPal-Konto mit der
empfohlenen zweistufigen Verifizierung. Dann erwartet Sie in der Regel folgendes Szenario:

❶ Klicken Sie auf Einloggen.

❷ Tragen Sie Ihre *E-Mail-Adresse* ein und bestätigen Sie mit *Weiter*.

③ Tragen Sie Ihr *Passwort* ein und bestätigen Sie mit einem Klick auf *Weiter*.

④ Fordern Sie einen einmal gültigen Code an.

⑤ Schauen Sie auf Ihrem Smartphone nach einer neuen Benachrichtigung.

⑥ Merken Sie sich den per SMS oder App gesendeten Code.

⑦ Tragen Sie den *Code* ein und bestätigen Sie mit *Weiter*.

⑧ Sind die Angaben korrekt, bestätigen Sie erneut mit *Weiter*.

⑨ Überprüfen Sie nach der Rückkehr auf die Seite des Internetshops Ihre Bestelldaten.

⑩ Sind die Angaben korrekt, bestätigen Sie mit *Zahlungspflichtig bestellen*.

### Käuferschutz

Kommt ein Artikel nicht bei Ihnen an oder entspricht er nicht Ihren Vorstellungen, können Sie PayPal innerhalb von 20 Tagen die Klärung übertragen und ggf. Geld und Versandkosten zurückbekommen. Es gibt jedoch Ausnahmen: Bei Gutscheinen und Motorfahrzeugen etwa besteht kein Käuferschutz, auch nicht bei *Geld an Freunde senden* (Kleinstbeträge ohne Gebühren) und natürlich ebenfalls nicht bei eigenem Verschulden wie falschen Adressen.

# Bezahlen mit Amazon Pay

Auch der Dienst Amazon Pay, den immer mehr Shops anbieten, hat einen Käuferschutz. Abgesehen vom Datenschutz – Amazon weiß so natürlich Bescheid über Ihre erworbenen Artikel – ist es wie bei PayPal wichtig, sich zuvor per Durchsicht der AGB über die Regeln und vor allem über die Ausnahmen zu informieren.

## Kundenkonto einrichten

Zwingend notwendig für die Nutzung ist ein Amazon.de-Kundenkonto. Erforderlich sind die Eingabe Ihres Namens, einer gültigen E-Mail-Adresse und eines Passwortes. Alternativ besteht die Möglichkeit, über die Amazon-App statt der E-Mail-Adresse Ihre Mobilfunknummer anzugeben. Anschließend legen Sie im Bereich *Mein Konto* Ihre gewünschte Zahlungsart fest. Möglich sind:

▶ **Bankkonto**

▶ **Kreditkarte**

▶ **Zahlung auf Rechnung** mit Monatsabrechnung

**amazon**.de

### Konto erstellen

**Ihr Name**

**E-Mail**

**Passwort**

mindestens 6 Zeichen

*i* Passwörter müssen mindestens 6 Zeichen lang sein.

**Passwort nochmals eingeben**

Erstellen Sie Ihr Amazon-Konto

## Bezahlen im Onlineshop

Wenn Sie in einem Onlineshop die Bezahlart *Amazon Pay* wählen, melden Sie sich mit Ihren Zugangsdaten bei Amazon an. Anschließend können Sie die in Ihrem Amazon-Kundenkonto hinterlegten Zahlungs- und Versandinformationen verwenden. So geht es:

**1** Wählen Sie an der Kasse *Login mit Amazon* oder *Amazon Pay*.

**2** Melden Sie sich mit Ihren *Login-Daten* bei Amazon an. Sie sehen Ihre gewählte Adresse und Zahlungsweise. Beides können Sie bei Bedarf ändern.

**3** Klicken Sie auf *(Weiter) Zum nächsten Schritt*.

**4** Überprüfen Sie die Übersicht und Bestellbestätigung.

**5** Bestätigen Sie Ihren Kauf mit einem Klick auf *(Jetzt) Kaufen*.

Sind Sie bereits bei Amazon eingeloggt, erhalten Sie die Nachricht, dass Sie dem Onlinehändler Zugriff auf Namen, E-Mail- und Liefer-Adresse gewähren. Ihre Zustimmung erfolgt durch einen Klick auf *Fortfahren*.

Der weitere Ablauf entspricht im Großen und Ganzen dem zuvor beschriebenen.

# Parkplätze für Notfallreserven

Die derzeitige Zinsentwicklung und finanzielle Bedenken im Zuge der Coronakrise erschweren vielen die Anlage des Ersparten. Zur Erwirtschaftung wenigstens einer kleinen Rendite bieten sich Tages- und Festgelder an. Zwar lässt sich der inflationäre Wertverlust nicht vollkommen aufheben – aber besser geparkt als auf dem Girokonto ist Ihr Erspartes in jedem Fall. Erfahren Sie, wie leicht sich ein Tages- oder Festgeldkonto eröffnen lässt und worauf Sie achten sollten.

# Die Bausteine für Ihr Portfolio

**Mit Onlinebanking können Sie selbst entscheiden,** wann, wie und wo Sie Ihr Konto verwalten oder auch Ihre alltäglichen Geldgeschäfte erledigen. Doch das ist erst der Anfang Ihrer Möglichkeiten, der nächste Schritt führt zur Vermögensanlage. Als sichere Basisanlage empfiehlt die Stiftung Warentest das von Finanztest entwickelte Pantoffel-Portfolio (test.de/Pantoffel-Portfolio). Die Umsetzung ist einfach und unkompliziert, denn es besteht aus nur zwei Bausteinen:

▶ **Für die Sicherheit** wählen Sie Zinsanlagen, etwa Tagesgeld, bei längeren Laufzeiten können sich Anleger auch für Rentenfonds Euro mit sicheren Anleihen entscheiden.

▶ **Für die Rendite** eignen sich Aktienindexfonds, sogenannte ETF auf den MSCI World oder den MSCI All Country World, die Ihr Geld global auf viele Aktien streuen (siehe „Qualitätskriterien für Onlinebroker", S. 161).

Die beliebtesten Zinsanlagen in Deutschland sind Sparbriefe, Spar- sowie Tages- und Festgeldkonten. Der Kunde legt sein Geld bei einer Bank oder Sparkasse an und erhält im Gegenzug ein Entgelt: den Zins.

Über das Guthaben auf einem Tagesgeldkonto können Sie jederzeit verfügen. Für Sparbriefe, Festgelder und länger laufende Sparanlagen gilt: Der Anlagebetrag samt Zinsen wird am Ende der Laufzeit oder per fristgerechter Kündigung zurückgezahlt – vorausgesetzt, das Kreditinstitut ist zahlungsfähig. Ein guter Grund, auch bei Tages- und Festgeldern Angebote von Banken zu wählen, deren Sitz sich in einem europäischen Staat befindet, dessen Wirtschaftskraft von den drei großen Ratingagenturen mit Bestnoten bewertet wurde.

# Der Sicherheitsbaustein für die Notfallreserve

Tagesgeld und Festgeld zählen zu jenen Bankeinlagen, die gemäß den EU-Richtlinien über Einlagensicherungssysteme in allen Mitgliedsstaaten mit bis zu 100 000 Euro pro Kunde abgesichert sein müssen. Zudem unterliegen sie, anders als etwa Aktien, keiner unvorhersehbaren Wertentwicklung.

Ein weiterer Vorteil besteht darin, dass Sie Tages- und Festgeldkonten online relativ schnell und einfach entweder direkt bei der Bank oder über ein Zinsportal eröffnen können.

Trotzdem ist es ratsam, sich die Angebote genauer anzusehen: Je höher die versprochene Rendite, desto eher könnte sich irgendwo ein Haken befinden.

Variable Verzinsung, Maximaleinlage, fehlender Zinseszins oder automatische Laufzeitverlängerung – auf den ersten Blick sind solche Haken leicht zu übersehen. Wer sie aber kennt und meidet, hat gute Chancen, einen geeigneten Parkplatz für seine Reserve zu finden.

## → Einlagensicherungssysteme

Mit bis zu 100 000 Euro pro Kunde müssen Bankeinlagen in den Mitgliedsstaaten der EU über nationale Sicherungssysteme abgesichert sein, um Anleger im Falle einer Insolvenz zeitnah zu entschädigen. Aufgrund des Wechselkursrisikos empfiehlt die Stiftung Warentest bei Banken mit Sitz in Großbritannien oder Schweden nicht mehr als 80 000 Euro anzulegen.

In Deutschland werden Einlagen bis zu 100 000 Euro gesetzlich geschützt. Darüber hinaus sind viele Privatbanken freiwillige Mitglieder des Einlagensicherungsfonds des Bundesverbandes deutscher Banken (BdB). Dies bedeutet pro Kunde eine durchschnittliche Sicherungsgrenze von 190 Millionen, mindestens jedoch 750 000 Euro. Mehr über die mitwirkenden Institute und die Höhe ihrer Sicherungsgrenzen erfahren Sie auf den Internetseiten des BdB unter **einlagensicherungsfonds.de**.

Öffentliche Banken, Sparkassen und Genossenschaftsbanken mit Sitz in Deutschland verfügen neben der gesetzlichen Einlagensicherung über sogenannte Institutssicherungen. Theoretisch ermöglichen sie eine Sicherung der Einlagen in unbegrenzter Höhe. Weitere Informationen zu den Sicherungseinrichtungen in Deutschland finden Sie unter **einlagensicherung.de**.

### Bremsen für die Rendite: Strafzinsen für Einlagen

Im Oktober 2019 betrug die Inflationsrate in Deutschland nur 1,1 Prozent – die gute Nachricht. Für Sparer weniger erfreulich hören sich Gerüchte über eine weitere Erhöhung der Strafzinsen auf Einlagen bei der Europäischen Zentralbank (EZB) an.
Derzeit zahlen Banken und Sparkassen für das Parken ihrer Einlagen bei der EZB den negativen Einlagezins von 0,5 Prozent.
Um Verlustgeschäfte zu verhindern, berechnen einige Kreditinstitute für Guthaben auf Konten deshalb sogenannte Verwahrentgelte. Bisher betreffen sie üblicherweise nur Geschäftskunden, institutionelle Großkunden und vermögende Privatkunden. Eine Erweiterung auf die Guthaben aller Kunden ist für die Zukunft jedoch nicht ausgeschlossen.

So schwebt über allem das Damoklesschwert der Sparer: der Negativzins für den Privatkunden. Würde dieser durchgesetzt, müssten Sie dem jeweiligen Institut regelmäßig einen bestimmten Prozentsatz Ihres Guthabens für die Aufbewahrung zahlen. Undenkbar, sagen Sie?

## Verdeckte Strafzinsen

Viele Banken haben den von der EZB vorgegebenen negativen Einlagenzins inzwischen längst umgesetzt. Häufig getarnt als individuell ausgehandeltes Verwahrentgelt trifft er in der Regel Geschäftskunden und institutionelle Großkunden mit großen Anlagesummen. Privatkunden blieben lange Zeit weitgehend verschont – nur einige kleinere Kreditinstitute haben mittlerweile auch für geringere Guthaben Minuszinsen eingeführt.

Viele Banken gehen einen anderen Weg: Statt Strafzinsen für Ihr Guthaben zu berechnen, erhöhen Kreditinstitute lieber verschiedene Gebühren, beispielsweise für Ihr Girokonto. Meist geschieht dies sehr diskret und die Beträge sind gering.

## Alternativen suchen

Sie scheuen den Aufwand eines Kontowechsels wegen monatlich 50 Cent? Bedenken Sie, dass es, einmal eingeführt, selten bei dieser Gebühr bleibt. Wenn Sie sowieso den Schritt in Richtung Onlinebanking gehen, wieso nicht auch gleich einen Kontowechsel zu einem kostenlosen Anbieter erwägen?

Unterstützung bei der Suche bietet der Girokontenvergleich der Stiftung Warentest (test.de/girokonten). Der Wechsel selbst gestaltet sich bei Konten mit freigeschaltetem Onlinebanking in der Regel unkompliziert (siehe „Der Kontowechsel", Seite 47).

Für freie Geldbeträge empfehlen die Experten von Finanztest, kostenlose Tages- und Festgeldkonten anzulegen. Für Guthaben, insbesondere auf Festgeldkonten, erhalten Sie nach wie vor Zinsen und können Ihr Geldvermögen vor einem Wertverlust bewahren.

# Sichere Aufbewahrungsorte für die Reserve

Auf dem Girokonto wird Ihr Geld in der Regel mit jedem Tag etwas weniger wert. Zwar klingt eine Inflationsrate von 1,4 Prozent, wie sie im Jahr 2019 zu verzeichnen war, nicht unbedingt bedrohlich. Bei 1 000 während dieser Zeit unverzinst auf Ihrem Girokonto herumliegenden Euro handelt es sich dennoch um einen Wertverlust von 14 Euro.

Alternativ haben Sie Ihr Geld vielleicht auf einem klassischen Sparkonto geparkt. Beispielsweise bei den Sparkassen entweder in Buchform oder als elektronische SparCard. Zu den Vorteilen zählt:

▶ **Banken dürfen bei Sparkonten** keine Negativzinsen verlangen.

▶ **In vielen Bundesländern** muss bei den Sparkassen laut Gesetz an einer bestimmten Stelle nach dem Komma eine Eins stehen. Und eine 0,001 ist immer noch besser als eine Null.

Sparkonten, die nicht für alltägliche Geldgeschäfte gedacht sind, sondern explizit zum Ansparen von Geld, bieten die meisten Banken und Sparkassen zu unterschiedlichen Konditionen an. Allerdings sind Sparkonten nicht besonders flexibel. Beträge über 2 000 Euro lassen sich strafzinsfrei erst abheben, wenn die gewünschte Summe drei Monate zuvor gekündigt wurde.

Doch ob Girokonto, Sparbuch oder Sparkonto – in allen Fällen verlieren Ihre Guthaben aufgrund der Inflationsrate sukzessive an Wert. Es ist also höchste Zeit, an das Wohl Ihrer Notfallreserve zu denken.

**Eines vorneweg:** Beim derzeitigen Zinsniveau ist aktuell auch mit verzinsten Tages- und Festgeldanlagen kein vollständiger Werterhalt Ihres Ersparten möglich.

### Bestandsaufnahme

Im Großen und Ganzen liegt es an der Geldpolitik der EZB, dass die von deutschen Kreditinstituten angebotene Verzinsung von Guthaben derzeit einiges unter der Inflationsrate liegt. Dies bedeutet, dass Sie keine ausreichende Verzinsung für den Werterhalt Ihrer Einlage erhalten. Allerdings lässt sich die Wertminderung abmildern.

Um Ihre Notfallreserve ertragreicher aufzubewahren, eignet sich eine Kombination aus Tages- und Festgeldkonto. Bevor Sie sich auf die Suche begeben, empfiehlt sich die Beantwortung folgender Fragen:

▶ **Welchen Gesamtbetrag** haben Sie als Notfallreserve vorgesehen?

▶ **Wie viel dieses Geldes** sollte jederzeit schnell zur Verfügung stehen?

▶ **Wie lange** darf der Restbetrag höchstens ohne Zugriffsmöglichkeit gebunden sein?

Jetzt wissen Sie, welche Beträge sich für ein Tagesgeldkonto eignen und welche für ein Festgeldkonto. Was aber verbirgt sich hinter den Begriffen Tagesgeld und Festgeld?

### → Tagesgeld versus Festgeld

Tagesgeldkonten stellen eine hervorragende Möglichkeit dar, um Geld für den Notfall zu parken. Im Gegensatz zum Girokonto oder Sparstrumpf erhalten Sie bei den allermeisten Angeboten zumindest eine kleine, wenn auch variable Verzinsung Ihres Guthabens.

Festgeldkonten lohnen sich bei Beträgen, auf die Sie mittelfristig verzichten können. Die Zinssätze sind für die Laufzeit fest vereinbart und liegen üblicherweise über jenen von Spar- sowie Tagesgeldkonten.

**Tagesgeld**

Wenn es um den sogenannten Notgroschen geht, also jenes Geld, das im Bedarfsfall kurzfristig zur Verfügung stehen sollte, wird als Richtlinie oft die Summe von drei Netto-Monatsgehältern genannt. Früher lag diese Notreserve entweder auf dem Girokonto oder sie wurde auf einem Sparbuch geparkt. Das Sparbuch gehört wie das Sparkonto und der Sparbrief zu den Spareinlagen. Üblicherweise handelt es sich um eine unbefristete Geldanlage mit einer mindestens dreimonatigen Kündigungsfrist.

Inzwischen wählen jedoch immer mehr Privatanleger ein Tagesgeldkonto, um ihre Notfallreserve aufzubewahren. Das Tagesgeld zählt zu den unbefristeten und variabel verzinsten Geldanlagen. Variabel bedeutet, dass die Bank den Zinssatz jederzeit erhöhen oder senken kann. Häufig orientieren sich die Anbieter am Leitzins der Europäischen Zentralbank (EZB). Dieser beträgt derzeit 0 Prozent, während der Einlagezins, den Kreditinstitute an die EZB für die Aufbewahrung ihrer Einlagen bezahlen müssen, wie erwähnt bei − 0,5 Prozent liegt.

Zu den Vorteilen von Tagesgeldkonten zählt:

▶ **Keine Kündigungsfrist:** Sie können das Konto jederzeit auflösen und Ihr Guthaben auf ein neues Tagesgeldkonto bei einem anderen Anbieter übertragen.

▶ **Tägliche Verfügbarkeit:** Wie bei einem Girokonto haben Sie jederzeit Zugriff auf Ihr gesamtes Guthaben.

▶ **Kein Kursänderungsrisiko:** Das Kapital bleibt erhalten. Die Zinserträge werden in einem festen Intervall berechnet. Ändert sich der Zinssatz, können Sie jederzeit Ihr Guthaben entweder abheben oder das Konto kündigen. Einige Anbieter informieren Sie vorab über eine Änderung des Zinssatzes, bei anderen empfiehlt es sich, die jeweils gültigen Zinssätze regelmäßig zu überprüfen.

▶ **Zinseszins:** Je nach Angebot werden Ihrem Konto die Zinsen monatlich, quartalsweise oder jährlich gutgeschrieben. Vorteilhaft ist eine unterjährige Verzinsung, weil die Zinsen nach Gutschrift mitverzinst werden.

► **Neukundenbonus:** Einige Banken garantieren Neukunden zumindest für einen begrenzten Zeitraum einen festen höheren Zinssatz, andere Angebote locken mit einem finanziellen Bonus.

→ **Zins und Rendite**

Der **Nominalzins** beschreibt, mit welchem Faktor die Einlage verzinst wird. Die **Rendite** bezeichnet die Verzinsung des investierten Kapitals pro Jahr. Sie wird immer in Prozent angegeben und bezieht sich stets auf ein Jahr.

Die Rendite erhöht sich nur, wenn die Gutschrift mehrmals im Jahr erfolgt. Sie reduziert sich, wenn die Kapitalisierung der Zinsen, also die Umwandlung des Ertrages in eine Gutschrift, bei mehrjährigen Anlagen erst am Ende der Laufzeit erfolgt.

Je öfter die Gutschrift der Zinsen im Jahr erfolgt, desto höher die Rendite. Mit diesem **Zinseszinseffekt** übertrifft die Höhe der Rendite jene des reinen Nominalzinses.

**Festgeld**

Sie möchten einen Teil Ihrer Ersparnisse mittelfristig anlegen? Dann bietet sich ein Festgeldkonto an. Beim Festgeld handelt es sich um eine zeitlich befristete Kontoanlage mit Zinsgarantie.
Meist lässt sich die Laufzeit frei wählen. Je nach Angebot kann dies zwischen einem Monat und zehn Jahren betragen. In der Regel erzielen Sie mit einem Festgeldkonto einen höheren Zinsertrag als mit einem Sparbuch oder einem Tagesgeldkonto. Dafür können Sie über den angelegten Betrag während der Laufzeit nicht ohne Verluste verfügen.
Bevor Sie sich für ein Angebot entscheiden, sollten Sie es einer genauen Prüfung unterziehen. Worauf es sich zu achten lohnt:

▶ **Mindesteinlage:** Einige Angebote können Sie bereits ab 1 Euro wahrnehmen, bei anderen müssen es 100 000 Euro sein. Dazwischen ist alles möglich.

▶ **Maximaleinlage:** Gerade interessante Verzinsungen gelten oft nur für eine bestimmte maximale Anlagesumme. Alles darüber hinaus ist bei einem anderen Anbieter meist besser aufgehoben.

▶ **Prolongation:** Festgeldanlagen können eine automatische Prolongation (Verlängerung) enthalten. Die Wiederanlage erfolgt mit einer Anpassung an die aktuellen Marktgegebenheiten. Verzichten Sie bei Abschluss auf eine Prolongation oder kündigen Sie rechtzeitig, um eine Prolongation zu vermeiden.

▶ **Zinseszins:** Bei einer mehrjährigen Anlage sollten die Zinsen dem Anlagekonto zumindest jährlich gutgeschrieben werden. So kommt es zu einer Mitverzinsung und zum Zinseszinseffekt. Mit einem Zinsrechner beispielsweise unter zinsen-berechnen.de/zins rechner können Sie feststellen, wie hoch der Zinseszins bei Ihrer gewünschten Anlage ausfallen würde. Es gibt aber auch Festzinsanlagen, bei denen der Zins jährlich auf ein anderes Konto ausgezahlt wird. Dann muss sich der Anleger um die weitere Anlage dieser Gelder kümmern.

▶ **Sparer-Pauschbetrag:** Es gibt Festgelder, die die Zinsen erst am Ende einer mehrjährigen Laufzeit in einer Summe gutschreiben. Bei hohen Anlagebeträgen kann dies zu einer Überschreitung des Sparerfreibetrages führen. Einnahmen aus Kapitalerträgen über 801 Euro müssen versteuert werden. Dies ist vor allem dann ungünstig, wenn die Freibeträge in den Vorjahren nicht genutzt wurden. Die Stiftung Warentest empfiehlt deshalb nur Festzinsanlagen, bei denen die Zinsen jährlich gutgeschrieben und versteuert werden.

▶ **Einlagensicherung:** In den Mitgliedsstaaten der Europäischen Union (EU) sollen Einlagen bis 100 000 Euro durch nationale Sicherungssysteme geschützt sein. Eine gemeinsame europäische Haftung gibt es bis heute nicht. Allerdings befinden sich viele nationale

FINNLAND

NORWEGEN

ESTLAND

SCHWEDEN
DÄNEMARK
LETTLAND
LITAUEN
RUSSLAND

IRLAND
GROSSBRITANNIEN *
NIEDERLANDE
WEISSRUSSLAND
BELGIEN
DEUTSCHLAND
POLEN
UKRAINE
LUXEM-
BURG
TSCHECHIEN
SLOWAKEI
MOLDAWIEN
ÖSTERREICH
UNGARN
FRANKREICH
SCHWEIZ
RUMÄNIEN
SLOWE-
NIEN
KROATIEN
ITALIEN
BOSNIEN-
HERZEGOWINA
SERBIEN
BULGARIEN
PORTUGAL
MONTE-
NEGRO
MAZE-
DONIEN
SPANIEN
ALBANIEN
GRIECHEN-
LAND
TÜRKEI

MALTA
ZYPERN

\* Die Einlagensicherung bleibt auch nach dem Brexit bestehen.

Länder mit vertrauens-
würdiger Einlagensicherung

Länder mit nicht vertrauens-
würdiger Einlagensicherung

Kein EU-Land

Systeme erst im Aufbau. Sollte das Vermögen der Einlagensicherung nicht ausreichen, haftet das entsprechende Land mit seiner
Wirtschaftskraft. Die Stiftung Warentest hat Zweifel, ob bei einer
größeren Bankeninsolvenz alle Länder der EU und des Europäischen Wirtschaftsraumes (EWR) in der Lage sind, Anleger fristge-
recht innerhalb von sieben bzw. 20 Arbeitstagen zu entschädigen,
wie es das EU-Recht vorschreibt. Deshalb empfiehlt die Stiftung
Warentest nur Anlagen bei Banken aus Ländern, deren Wirtschaftskraft von allen drei großen Ratingagenturen mit einer Bestnote bewertet werden.

▶ **Quellensteuer:** Erfolgt bei der Zinszahlung ein sofortiger Quellensteuerabzug, besteht die Möglichkeit, ihn in der Steuererklärung geltend zu machen. Nicht immer wird er vollständig erstattet. Außerdem erfolgt eine Erstattung erst deutlich später. Das mindert die Rendite. Prüfen Sie, ob sich ein Angebot auch dann lohnt, wenn Sie keine Rückerstattung erhalten. Stiftung Warentest rät von Anlagen ab, bei denen sich ein Quellensteuerabzug nicht vermeiden lässt.

▶ **Service:** Testen Sie vorab die Servicequalität des Anbieters, indem Sie per Telefon oder Internet Informationen erfragen. Gibt es schon beim Erstkontakt Schwierigkeiten, suchen Sie am besten ein Angebot bei einem anderen Kreditinstitut.

**Info**

**Hohe Bonitätsstufe:** Möchten Sie keine unliebsamen Überraschungen erleben, sollten Sie nur Tages- und Festgeldangebote von Banken aus Staaten mit hoher Bonitätsstufe wahrnehmen. Dies entspricht bei den drei großen Ratingagenturen Standard & Poor's, Moody's und Fitch mindestens einem Aa3 bzw. AA–: Mit sehr hoher Wahrscheinlichkeit erfolgt eine Rückzahlung des eingesetzten Kapitals und der Zinsen.

## Flexgeld

Der neu geschaffene Begriff „Flexgeld" bezieht sich auf die Flexibilität bei der Verfügbarkeit des Kapitals. Im Gegensatz zum Tagesgeld ist Ihr Guthaben jedoch nicht täglich verfügbar. In der Regel gibt es pro Monat zwei Einzahlungs- und Auszahlungstermine. Insofern handelt es sich um ein *Tagesgeld mit variabler Verzinsung* und unbegrenzter Laufzeit, aber statt täglicher Verfügbarkeit mit nur zwei Einzahlungs- und Auszahlungsterminen pro Monat. Die Anlagesumme ist somit nicht rund um die Uhr verfügbar. Ein Beispiel stellt das Flexgeld24 auf dem Zinsportal Zinspilot dar.

Als Flexgeld werden zudem *Festgelder mit vereinbarter Laufzeit* und vorzeitiger Kündigungsmöglichkeit bezeichnet, wie sie beispielsweise die Portale Weltsparen und Savedo anbieten.

Allerdings kommt es im Fall einer Kündigung fast immer zu einem vollständigen Zinsverlust. Eventuell gibt es eine Basisverzinsung, die aber nur einen Bruchteil des ursprünglichen Zinssatzes ausmacht.

Geeignet sind solche Flexgelder im Grunde nur für Anleger, die sich nicht zu hundert Prozent sicher sind, ob sie ihr Geld für einen mittelfristigen Zeitraum ohne reguläre Zugriffsmöglichkeit binden möchten. Andererseits dürften selbst in diesem Fall Festgelder mit kurzen Laufzeiten eine sinnvollere Investition darstellen.

### So eröffnen Sie ein Festgeldkonto

Die Eröffnung eines Festgeldkontos gestaltet sich relativ einfach und unkompliziert. Dank Video-Ident-Verfahren müssen Sie bei vielen Angeboten zur Überprüfung Ihrer Identität nicht einmal das Haus verlassen. Einige Festgeldkonten lassen sich inzwischen sogar bequem per App über das Smartphone einrichten.

Im Folgenden zeigen wir Ihnen am Beispiel der Targobank, wie Sie vorgehen, wenn Sie im Internet bei einer Direkt- oder Filialbank ein Festgeldkonto eröffnen möchten:

**1** Gehen Sie auf die Internetseite des Anbieters.

**2** Klicken Sie auf das gewünschte Angebot.

**3** Wählen Sie die *Anlagezeitraum* und tragen Sie den *Betrag* ein. Eventuell haben Sie die Möglichkeit, den Zeitpunkt der Zinszahlung zu bestimmen. Unterjährige Zinszahlungen können mit einem reduzierten Zinssatz einhergehen.

**4** Klicken Sie auf *Festgeld anlegen* oder einen ähnlichen Link bzw. Button mit gleicher Bedeutung.

**5** Bei einigen Anbietern können Sie Ihr Girokonto als Referenzkonto angeben. Andere richten mit der Eröffnung eines Festgeldkontos automatisch ein Tagesgeldkonto
ein oder Sie erhalten die Möglichkeit, ein Onlinekonto
zu beantragen.

**6** Füllen Sie das Anfrageformular aus, indem Sie Ihre
persönlichen Daten eingeben.

**7** Lesen Sie sich die Beschreibung sowie
die Vertragsbedingungen und die Datenschutzerklärung durch und bestätigen Sie
diese mit einem Klick auf *Weiter*.

**8** Führen Sie entweder per Videochat
oder in einer Filiale der Deutschen Post
eine Personenidentifikation durch (siehe
„Die wichtigsten Identifikationsverfahren", Seite 45).

**9** Drucken Sie den ausgefüllten Antrag
aus und unterschreiben Sie ihn.

**10** Senden Sie die unterschriebenen Kontoeröffnungs-
unterlagen sowie eine Kopie Ihrer aktuellen Meldebe-
scheinigung an die neue Bank.

Eventuell müssen Sie bei der gewünschten Bank vor
der Eröffnung eines Festgeldkontos ein Abwicklungskonto, beispielsweise ein Tagesgeld- oder Verrechnungskonto, eröffnen. Das Abwicklungskonto dient als
zwischengeschaltetes Buchungskonto, auf das Sie vom
Girokonto Ihrer Hausbank den Anlagebetrag überweisen und auf das am Ende der Laufzeit Ihr Anlagebetrag samt Zinsen
gebucht wird.

Meist erhalten Sie wenige Tage später ein Begrüßungsschreiben. Es
enthält den Vertrag für Ihr Konto, in dem üblicherweise auch Ihre
Kontonummer steht. Nun können Sie die gewählte Anlagesumme

auf Ihr neues Konto überweisen. Die Zugangsdaten für Ihr Online-banking und die Unterlagen für ein gültiges TAN-Verfahren erhalten Sie aus Sicherheitsgründen getrennt zugesandt.

### → Referenzkonto und Anlagekonto

Eröffnen Sie ein Tages- oder Festgeldkonto, müssen Sie ein Referenzkonto angeben, das denselben Inhaber hat. In der Regel handelt es sich dabei um Ihr Girokonto. Auszahlungen des Guthabens vom Tages- oder Festgeldkonto erfolgen entweder direkt oder etwa bei Zinsportalen über ein zwischengeschaltetes Verrechnungskonto auf das Referenzkonto.

Ihr Tages- oder Festgeldkonto ist Ihr Anlagekonto. Die Eröffnung erfolgt nach Auswahl eines geeigneten Angebotes. Der Anlagebetrag wird direkt oder über ein Verrechnungskonto auf das Anlagekonto überwiesen und kehrt nach Laufzeitende oder bei Verfügung auf demselben Weg automatisch oder per Onlinebanking auf Ihr Referenzkonto zurück. In einigen Fällen müssen Sie dem Anbieter des Festgeldes rechtzeitig vor Ende der Laufzeit mitteilen, wie er mit dem Anlagebetrag bei Fälligkeit zu verfahren hat.

### Zinseinkünfte versteuern

Viele Banken mit interessanten Festgeldangeboten haben keine Niederlassung in Deutschland. Ihr Sitz befindet sich im EU-Ausland. Dank Internet und Video-Ident-Verfahren können Sie ein Konto jedoch ebenso leicht und schnell eröffnen wie bei einer einheimischen Onlinebank.

Das Finanzamt interessiert sich jedoch in beiden Fällen für Ihre Zinseinnahmen:

▶ **Erteilen Sie Ihrer Bank** mit Sitz in Deutschland einen Freistellungsauftrag, sind Zinserträge bis zu einem Betrag von 801 Euro (Ehepaare 1602 Euro) steuerfrei. Die Steuern für nicht freigestellte Zinseinnahmen werden automatisch an das Finanzamt abgeführt.

▶ **Europäische Banken ohne Sitz** in Deutschland unterliegen nicht den Auflagen zum Steuerabzug. In der Regel verschicken sie zwischen Januar und März eine Zinsbescheinigung mit der Aufstellung aller Einkünfte im vorhergehenden Jahr. Den gesamten Zinsertrag muss der Anleger in die Anlage KAP seiner Steuererklärung eintragen (Zeile 15). Anzugeben ist auch die Summe aller Zinseinnahmen über inländische Banken (Zeile 7) sowie die Höhe des bereits in Anspruch genommenen Sparerpauschbetrags (Zeile 12). Das Finanzamt prüft die Anlage KAP und die Zinsbescheinigungen. Für die über den Pauschbetrag hinausgehenden Zinseinnahmen sind 25 Prozent Abgeltungssteuer und auf diese 5,5 Prozent Solidaritätszuschlag sowie eventuell Kirchensteuer zu entrichten.

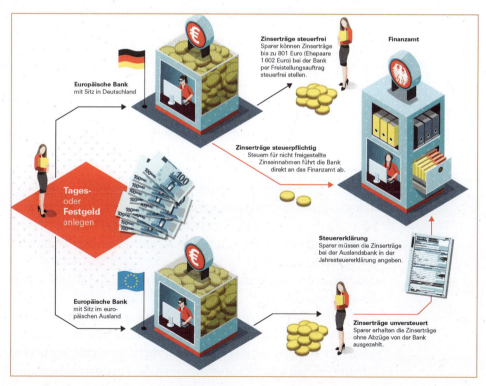

Europäische Bank mit Sitz in Deutschland

Tages- oder **Festgeld** anlegen

Europäische Bank mit Sitz im europäischen Ausland

**Zinserträge steuerfrei**
Sparer können Zinserträge bis zu 801 Euro (Ehepaare 1 602 Euro) bei der Bank per Freistellungsauftrag steuerfrei stellen.

Finanzamt

**Zinserträge steuerpflichtig**
Steuern für nicht freigestellte Zinseinnahmen führt die Bank direkt an das Finanzamt ab.

**Steuererklärung**
Sparer müssen die Zinserträge bei der Auslandsbank in der Jahresteuererklärung angeben.

**Zinserträge unversteuert**
Sparer erhalten die Zinserträge ohne Abzüge von der Bank ausgezahlt.

# Die Anbieter im Überblick

Zwar ist aufgrund des niedrigen Zinsniveaus die Zahl der Tages- und Festgeld anbietenden Banken gesunken, über eine geringe Auswahl können Privatanleger jedoch nach wie vor nicht klagen. Doch wie und vor allem wo lässt sich ein geeignetes Produkt finden?

### Der Produktfinder der Stiftung Warentest

Wer auf Nummer sicher gehen möchte, sollte bei der Suche nach dem besten Tages- oder Festgeldkonto die Produktfinder von der Stiftung Warentest zurate ziehen (test.de/zinsen).

Der Vergleich Tagesgeld enthält Zinskonditionen für verschiedene Anlagebeträge von aktuell 82 Tagesgeldangeboten. Der Vergleich Festgeld und Sparbrief wartet mit den Zinskonditionen für Laufzeiten zwischen einem Monat und zehn Jahren von über 700 Festgeldangeboten auf.

Die Auflistung erfolgt entweder alphabetisch nach Anbieter oder nach Rendite, die ein Anlagebetrag innerhalb einer gewählten Zeit erwirtschaftet. Zudem lassen sich die Ergebnisse nach verschiedenen Kriterien filtern, etwa nach Anbieter, Anlagesumme oder Laufzeit. Für jede Laufzeit gibt es eine Top-5-Rangliste.

Alle Angebote stammen von Banken aus Mitgliedsstaaten der EU und des Europäischen Wirtschaftsraumes (EWR), deren Wirtschaftskraft von jeder der drei großen Ratingagenturen mit einer Bestnote bewertet wurde. Zu den Voraussetzungen für die Aufnahme in den Produktfinder zählt auch eine Einlagensicherung von mindestens 100 000 Euro pro Kunde.

Ausgeschlossen werden Zinsangebote mit verbraucherunfreundlichen Bedingungen. Dazu zählen beispielsweise Zusatzkosten oder Lockangebote mit kurzen Laufzeiten, geringen Maximaleinlagen oder hohen Zinsen, die nur in Kombination mit einem meist wenig empfehlenswerten Fondsinvestment gewährt werden.

**Bei der Wahl beachten:**
▶ Bewertung der Wirtschaftskraft
▶ Zinseszins
▶ Quellensteuerabzug
▶ Steuernachteile durch Ausschüttung aller Zinserträge am Laufzeitende bei mehrjährigen Anlagen
▶ Nebenkosten oder Bedingungen
▶ Lockangebote mit geringer Maximaleinlage

## Zinsportale

Wer im Internet nach einem ansprechenden Zinsangebot sucht, landet schnell auf der Seite eines Zinsportals. Dort haben Anleger Zugang zu Tages- und Festgeldern von Banken aus ganz Europa. Eine Registrierung oder Anmeldung ist üblicherweise erst erforderlich, wenn Sie ein Angebot wahrnehmen möchten.

Zinsportale stellen ihre typischen Leistungen kostenlos zur Verfügung. Sie finanzieren sich über Vergütungen, die sie von den teilnehmenden Banken für die Bereitstellung ihrer Leistungen und die Vermittlung der Zinsanlagen erhalten.

Über ein Zinsportal können Sie auf Angebote von Kreditinstituten aus Deutschland und verschiedenen Ländern der EU, aber auch beispielsweise aus Norwegen, zugreifen. Viele ausländische Banken bieten für Festgelder derzeit eine weitaus attraktivere Verzinsung als einheimische Banken.

Doch ist Vorsicht angebracht. Nicht immer werden die Risiken und Rendite mindernden Faktoren nachvollziehbar dargestellt. Einige klingen weitaus sicherer und lukrativer, als sie tatsächlich sind.

Eine ausführliche Beschreibung möglicher Risiken und Renditeminderungen finden Sie unter dem Abschnitt „Festgeld", Seite 142. Sechs Zinsportale werben derzeit in Deutschland um die Gunst der Privatanleger: Weltsparen, Check24, Zinspilot, Savedo, der Zins-

> ### Festgeldangebote ausländischer Banken prüfen:
>
> ▶ Liegt der Sitz des Anbieters in einem Land mit starker Wirtschaftskraft?
> ▶ Wie oft werden die Zinsen bei mehrjähriger Laufzeit gutgeschrieben?
> ▶ Erfolgt die Auszahlung der Zinsen auf das Anlage- oder das Verrechnungskonto?
> ▶ Ist eine Überschreitung des Sparerpauschbetrages möglich?
> ▶ Wird bei Zinszahlung eine Quellensteuer abgezogen?

markt der Deutschen Bank und das IKB Zinsportal. Eine Direktanlage Ihrer Spareinlage ist bei den meisten Angeboten nicht möglich.

▶ **Auf den Plattformen** Check24, Zinspilot und Savedo lassen sich die Angebote nur wahrnehmen, wenn Sie zuvor ein Verrechnungskonto bei der jeweiligen Partnerbank eröffnen.

▶ **Entscheiden Sie sich** für ein Angebot von Weltsparen, müssen Sie ein Zwischenkonto bei der unternehmenseigenen Raisin Bank eröffnen. Es dient als Verrechnungskonto, auf das Sie den Anlagebetrag überweisen. Per Onlinebanking auf der Seite von Weltsparen können Sie Ihr Guthaben einsehen und jederzeit auf das Referenzkonto übertragen oder bei einer der Partnerbanken investieren.

▶ **Wenn Sie den Zinsmarkt** der Deutschen Bank nutzen möchten, müssen Sie bei der Deutschen Bank entweder über ein Girokonto mit Onlinebanking verfügen oder ein Aktiv-Konto eröffnen. Wählen Sie eines der Angebote, wird Ihre Spareinlage im Namen der Deutschen Bank als treuhänderische Geldanlage auf Ihre Rechnung bei der gewünschten teilnehmenden Bank angelegt.

▶ **Bei der IKB** eröffnen Sie ein IKB Cashkonto (Verrechnungs-konto). Das Portal kooperiert mit der Raisin Bank, der Servicebank von Weltsparen.

## Zinsportale benutzen

Im Allgemeinen sind Zinsportale relativ einfach zu bedienen. Mit Ausnahme des Zinsmarktes der Deutschen Bank gestaltet sich die Vorgehensweise auf allen Plattformen ähnlich:

**1** Geben Sie den gewünschten *Anlagebetrag* und die geplante *Laufzeit* in die entsprechenden Felder ein. Ist ein Filter vorhanden, können Sie weitere Kriterien festlegen. Anschließend erscheint in einer übersichtlichen Liste eine variabel große Anzahl von Angeboten zu Tages- und Festgeldern der jeweiligen Partnerbanken.

**2** Sehen Sie sich die Detailansichten der Produkte an. Sie enthalten in der Regel eine Übersicht der Rahmenbedingungen und das Produktinformationsblatt.

**3** Wählen Sie ein passendes Angebot.

**4** Füllen Sie das Anmeldeformular aus, um sich zu registrieren.

**5** Eröffnen Sie ein *Verrechnungskonto*. Dies erfordert eine Identifikation per Video-Ident oder Postident-Verfahren (siehe „Die wichtigsten Identifikationsverfahren", Seite 45).

**6** Überweisen Sie den gewünschten *Betrag* von Ihrem Referenzkonto auf das Verrechnungskonto.

**7** Je nach Zinsportal geben Sie in der Betreffzeile nur das gewünschte Tages- oder Festgeld bei der Zielbank an. Der Betrag wird automatisch angelegt und kehrt nach Ende der Laufzeit samt Zinsen über Ihr Verrechnungs- auf Ihr Referenzkonto zurück. Oder Sie müssen den Anlagebetrag per Onlinebanking auf der Seite des Zinsportals selbst vom Verrechnungskonto auf das gewünschte Anlagekonto überweisen. Nach Laufzeitende kehrt der Anlagebetrag mit Zinsen automatisch auf Ihr Verrechnungskonto zurück. Per Onlinebanking können Sie nun über Ihr Guthaben frei verfügen.

# Ihr eigenes
# Depot gestalten

Sie haben Ihre Notfallreserve sicher geparkt?
Dann ist jetzt der beste Zeitpunkt für die
Gestaltung Ihrer langfristigen Geldanlage und
damit der Rendite. Ob Sparplan, Einmalanlage
oder Zusatzrente – mit der geeigneten
Strategie stellen börsengehandelte globale
Aktienindexfonds, sogenannte Welt-ETF,
im Wertpapierdepot die ideale Kombination
zu Zinsanlagen dar.

# Der Renditebaustein:
# Ein eigenes Depot gestalten

**Für die kurz- bis mittelfristige Aufbewahrung** Ihrer Notfall-reserve sind festverzinsliche Anlagen sicher die beste Wahl. Doch wie sieht es mit dem Rest Ihrer Ersparnisse aus? Angesichts des anhaltend niedrigen Zinsniveaus brauchen Sie eine lukrativere Alternative für jenen Betrag, den Sie längerfristig anlegen möchten. Eine sinnvolle Möglichkeit sind börsengehandelte Indexfonds, so-genannte Exchange Traded Funds (ETF). Sie werden nicht aktiv ge-managt, sondern bilden einen Aktienindex nach – etwa den MSCI World, den gebräuchlichsten Weltaktienindex.

Im Pantoffel-Portfolio der Stiftung Warentest stellen Welt-ETF den Renditebaustein dar und bilden eine gute Ergänzung zu den als Sicherheitsbaustein dienenden Zinsanlagen (test.de/pantoffel methode). Das Beste daran: In Zeiten von Onlinebanking lässt sich ein Wertpapierdepot ohne fremde Hilfe bequem per Computer eröffnen, und auch ohne Börsenerfahrung können Sie es unkom-pliziert selbst mit empfehlenswerten ETF füllen.

In diesem Kapitel lesen Sie unter anderem:

▶ **Wie eröffnen Sie schnell und einfach** ein Onlinedepot?

▶ **Welche Leistungen** stellt ein guter Onlinebroker bereit?

▶ **Worauf ist bei den Kosten** zu achten?

▶ **Weshalb sollte der Welt-ETF** die erste Wahl sein?

▶ **Was genau verbirgt sich** hinter dem Begriff des „Pantoffel-Portfolios"?

## → Was sind ETF?

ETF sind börsengehandelte Fonds. Meist bilden sie einen breit angelegten Aktienindex ab. Ihr Wert ist an jenen des abgebildeten Index gekoppelt. Steigt dieser, erzielen Sie Kursgewinne. Fällt er, machen Sie Verlust.

Zu den Vorteilen eines ETF zählt, dass er geringe Kaufkosten hat und geringe Verwaltungsgebühren mit sich bringt. Seine Entwicklung ist stets nachvollziehbar, und er kann jederzeit gekauft oder verkauft werden.

Selbst bei kleineren Anlagesummen wird Ihr Geld auf Aktienanteile vieler verschiedener Unternehmen aufgeteilt. Diese Diversifikation ist wichtig. Insbesondere bei einer langfristigen Investition, beispielsweise in einen weltweit investierenden ETF, sorgt sie in der Regel dafür, dass schlechte Ergebnisse einzelner Titel durch den guten Verlauf anderer letztendlich zu einer positiven Rendite führen.

### Die Voraussetzungen

Um selbstbestimmt am Wertpapierhandel teilzunehmen benötigen Sie:

▶ **Eine Bank,** die als Onlinebroker Ihre Wertpapieraufträge (Orders) in Ihrem Namen und auf Ihre Rechnung an Handelsbörsen und außerbörslichen Marktplätzen durchführt.

▶ **Ein Wertpapierdepot** für die Verwahrung Ihrer Fonds.

▶ **Ein Verrechnungskonto,** über das alle Wertpapierkäufe und -verkäufe sowie die Dividendenzahlungen abgewickelt werden.

▶ **Ein Referenzkonto,** von dem Sie die für die Anlage zur Verfügung stehenden Investitionsbeträge abbuchen und auf das Sie die Entnahmen aus dem Investitionsvermögen überweisen – üblicherweise ist dies Ihr Girokonto.

Je nach Bank kann als Verrechnungskonto auch Ihr Referenzkonto dienen. So lässt sich etwa beim S Broker das Girokonto zur Abwicklung der Wertpapiertransaktionen nutzen, wenn es bei einer der teilnehmenden Sparkassen geführt wird.

### Leistungsangebot

Zu den wichtigsten Leistungen eines Onlinebrokers zählen:

► **treuhänderische Verwahrung** der Wertpapiere
► **Depotführung**
► **kostengünstige** Orderabwicklung
► **korrekte Abführung** der Abgeltungssteuer

Vorteilhaft ist die Bereitstellung umfangreicher Informationen seitens des Onlinebrokers, etwa eine Einführung in den Wertpapierhandel und eine Beschreibung der Risikoklassen. Nützlich sind zudem aktuelle Kursinformationen, Charts und Benchmark-Vergleiche sowie ein Demokonto beziehungsweise Musterdepot.

**Info**

**Informationen vorab:** Achten Sie darauf, dass die technischen Beschreibungen und Fundamental-Analysen auf umfangreichen sowie qualitativ hochwertigen Börseninformationen beruhen. Testen Sie verschiedene Anlagestrategien vorab risikolos mit einem Musterdepot beziehungsweise Demokonto.

Neben Aktien und ETF vermitteln Onlinebroker auch weitere, an Börsen und außerbörslichen Marktplätzen gehandelte Produkte wie Anleihen, Optionsscheine, Devisen, Krypto-Währungen (Bitcoin & Co) oder aktiv gemanagte Fonds.

Kostengünstig, mit wenig Risiko und ohne großen Aufwand lässt sich Ihr Depot jedoch am besten mit einem oder mehreren empfehlenswerten Welt-ETF bestücken. Diese börsengehandelten Indexfonds gelten als Sondervermögen, das die Depotbank getrennt von ihrem eigenen Vermögen verwahrt. Im Falle einer Insolvenz der Depotbank genießt Ihr Wertpapierbestand somit den vollen Anlegerschutz.

Das Geld auf Ihrem Verrechnungskonto ist in der EU ohnehin durch die erwähnte gesetzliche Einlagensicherung geschützt (siehe Seite 136).

### Gebühren und Kosten

Angesichts der unterschiedlichen Preismodelle und Konditionen ist es schwer, den geeigneten Anbieter für Ihr Depot zu finden. Vor allem Direktbanken locken oft mit einem Gratisdepot – allerdings wird sich für Sie nur dann eine selbstbestimmte Teilnahme am Wertpapierhandel lohnen, wenn auch die übrigen Kosten angemessen ausfallen.

Zu den Kosten, die sich in keinem Fall vermeiden lassen, zählen die Orderkosten. Oft handelt es sich um einen prozentualen Anteil am Anlagevolumen. Transparenter und insbesondere bei höheren Summen günstiger sind Festpreise (Flatfees).

Die Orderkosten bestehen üblicherweise aus:

▶ **Börsenplatzentgelt:** Jeder Börsenplatz hat seinen eigenen Preis. Die Gebühren setzen sich aus verschiedenen Komponenten zusammen und beinhalten unter anderem Trading-, Regulierungs- und Kommunikationsgebühr.

▶ **Vermittlungsgebühr (Maklercourtage):** Deren Höhe richtet sich nach der jeweiligen Börsenordnung und dem Volumen der Order.

▶ **Abwicklungsentgelt** der kontoführenden Bank.

▶ **Finanztransaktionssteuer:** Die Bundesregierung plant, im Verbund mit einigen anderen Ländern der EU, auf Geschäfte mit bestimmten Aktien und Finanzprodukten eine Steuer von 0,2 Prozent zu erheben, die ab 2021 gelten soll. Ob die Pläne realisiert werden und wie die genaue Ausgestaltung aussieht, stand bei Redaktionsschluss im Frühjahr 2020 noch nicht fest.

Neben den Orderkosten können je nach Onlinebroker und Bedarf folgende Kosten auf Sie zukommen:

▶ **Verwahrkosten:** Onlinebroker bieten meist eine kostenlose Depotführung an, die allerdings an Bedingungen geknüpft sein kann, beispielsweise eine bestimmte Anzahl von Transaktionen.

▶ **Zusatzkosten:** eine Order per Telefon, Fax oder Post ist in der Regel mit einer Gebühr verbunden.

▶ **Negativzinsen:** Mitte Dezember verlangte der Discountbroker Flatex minus 0,4 Prozent für Guthaben auf dem Verrechnungskonto.

▶ **Limitkosten:** Kurslimits stecken einen Bereich ab, innerhalb dessen Wertpapieraufträge – also An- und Verkäufe – ausgeführt werden. Limits sind interessant, wenn Sie regelmäßig mit Wertpapieren handeln. Wenig erfreulich ist, dass vor allem Filialbanken für die Ausführung, Abänderung oder Annullierung einer Limitorder Gebühren verlangen.

▶ **Provisionen:** Je nach Produkt kann der Broker für die Vermittlung eines ETF ein zusätzliches Entgelt erhalten.

## Kostendetails

| | | |
|---|---|---|
| Kaufkosten | 9,44 EUR | 0,85 % |
| Wertpapierdienstleistungskosten | | |
| Provision | 7,69 EUR | 0,69 % |
| Handelsplatzgebühr | 1,75 EUR | 0,16 % |
| | | |
| laufende Kosten | 2,01 EUR p.a. | 0,18 % |
| Produktkosten | | |
| Fondstransaktionskosten | 0,42 EUR p.a. | 0,04 % |
| Produktkosten gem. Emittent | 1,59 EUR p.a. | 0,14 % |
| | | |
| Verkaufskosten | 9,44 EUR | 0,85 % |
| Wertpapierdienstleistungskosten | | |
| Provision | 7,69 EUR | 0,69 % |

Banken sind dazu verpflichtet, die Kosten vor einer Order transparent sowohl in absoluten Beträgen als auch in relativen Prozentangaben darzustellen. Gerade bei kleineren Beträgen sollte die Wirkung der Kosten nicht unterschätzt werden.

**Info**

### Entscheidungshilfen:
▶ Entscheiden Sie sich für ein Gratisdepot, wenn Sie keinen aktiven Handel treiben möchten.
▶ Wählen Sie ein Depot mit günstigen Orderkosten, wenn Sie vorhaben, Ihre Vermögensanlagen öfter umzuschichten.
▶ Sehen Sie sich die Angebote für Neukunden an. Einige Onlinebroker bieten ein Kontingent an kostenlosen Orders, andere offerieren günstige, wenngleich in der Regel zeitlich begrenzte Orderkosten.

Kostensparend gestaltet sich der Kauf von ETF über den Direkthandel. Dieser findet an außerbörslichen Marktplätzen statt. Sie erwerben Ihren Fonds direkt beim Onlinebroker, wodurch die Börsengebühren entfallen.

### Der Spread: Weitere versteckte Kosten

Allerdings kann der sogenannte Spread, die Spanne zwischen Kauf- und Verkaufspreis (englisch: Ask and Bid), jeglichen Kostenvorteil zunichtemachen. In der Regel ist der Spread außerbörslich größer als an den offiziellen Börsen. Eine Order an einem außerbörslichen Marktplatz ist daher nur dann sinnvoll, wenn sie auch unter Einberechnung des jeweiligen Spread günstiger ist als eine Order an einer Börse mit Gebühr und üblicherweise geringerem Spread.
Im Zweifel wählen Sie den Handelsplatz, der den größten Umsatz beim gewünschten Wertpapier aufweist. Dort sind die Spreads tendenziell am geringsten und der abgerechnete Preis am fairsten.

Bei Wertpapieren mit wenig Umsatz an einem Handelsplatz ist die Vorgabe eines Preislimits für Kauf oder Verkauf empfehlenswert. So werden Käufe über beziehungsweise Verkäufe unter dem jeweiligen gesetzten Limit ausgeschlossen. Auf diese Weise können Sie die bei geringen Umsätzen immer wieder vorkommenden Preisausreißer verhindern.

**Info**

**Qualitätskriterien für Onlinebroker:**
- ▶ Regulierung durch eine EU-Finanzaufsichtsbehörde
- ▶ Günstige Depot- und Ordergebühren
- ▶ Keine Mindesteinlage
- ▶ Geringe Anlagesumme
- ▶ Alle Informationen, auch die AGB, in deutscher Sprache
- ▶ TAN-Verfahren zur Sicherung der Transaktionen
- ▶ Zugang zu nationalen und internationalen Handelsbörsen sowie außerbörslichen Handelsplätzen
- ▶ Vielfältige Auswahl an Fonds und Wertpapierarten
- ▶ Kostenloses Demokonto beziehungsweise Musterdepot

**Der Depotvergleich von Finanztest**

Im Herbst 2019 veröffentlichte Finanztest einen Vergleichstest der Depot- und Orderkosten von 34 Banken und Sparkassen (Finanztest 11/2019). Die Tabellen zeigen die Preise für drei Modelldepots: ein großes Depot mit einer Anlagesumme von insgesamt 150 000 Euro, 15 Positionen und vier Orders pro Jahr; ein mittleres Depot mit einer Anlagesumme von insgesamt 50 000 Euro, 13 Positionen und 12 Orders pro Jahr; ein kleines Depot mit einer Anlagesumme von insgesamt 12 000 Euro, einer Position und einer Order pro Jahr. Die kostengünstigste Bank für alle drei Modelle war die Onvista Bank, ein Onlinebroker, der seit dem Jahr 2017 zum Konzern der Commerzbank gehört. Auf dem zweiten Platz landete der Discountbroker Flatex. Beide bieten eine kostenlose Depotverwaltung ohne Bedingungen an und für Wertpapierorders Festpreise, die sich nicht auf die Höhe der Anlagebeträge beziehen (Flatfees). Allerdings werden bei Flatex Guthaben auf dem Verrechnungskonto mit Negativzinsen belastet (siehe Seite 159).

Unter den bundesweiten Filialbanken boten die Targobank und die Postbank insgesamt die günstigsten Konditionen.

Möchten Sie Ihr Geld langfristig in breit streuende ETF anlegen und äußerst selten mit Wertpapieren handeln, rät Finanztest zu einem Depot ohne Gebühr und ohne Voraussetzungen wie etwa einen bestimmten Mindestbestand, das Einrichten eines Sparplans oder mindestens eine Börsenorder pro Quartal. Folgende Banken halten ein entsprechendes Angebot bereit: BBBank, Consorsbank, Deutsche Bank Maxblue, DKB, Flatex, ING, NIBC Direct, Onvista Bank, Postbank sowie die Targobank bei Onlineführung.

Wer auf Beratung verzichten kann, sollte bei Filialbanken ein Onlinedepot wählen und die Orders am PC selbst ausführen. Reine Direktbanken sind im Vergleich jedoch meist deutlich günstiger. Detaillierte Informationen finden Sie in Finanztest (11/2019) und unter: test.de/Depotkosten.

# Von der Antragstellung zur ersten Order

Sie möchten ohne großen Aufwand ein solides Depot einrichten? So kompliziert es auf den ersten Blick wirken mag: Mit ein wenig Zeit und unserer Schritt-für-Schritt-Anleitung benötigen Sie nur Ihren Computer, eine stabile, möglichst private Internetverbindung und Ihren Personalausweis.

### Die Antragstellung

**1** Gehen Sie auf die Internetseite einer Direktbank Ihrer Wahl. Klicken Sie auf *Investieren* oder *Depot* und klicken auf *Jetzt Depot eröffnen*.

**2** Füllen Sie das *Eröffnungsformular* aus. Anzugeben sind neben Ihren Kontaktinformationen auch die Daten Ihres Personalausweises bzw. Reisepasses, Ihre Steuer-ID und ein Referenzkonto. Üblicherweise wird zudem Ihre Erfahrung mit Wertpapiergeschäften abgefragt. Diese Selbstauskunft dient dazu, Sie einer Risikoklasse zuzuweisen.

**3** Legitimieren Sie sich in einer Filiale der Post oder per Video-Ident-Verfahren (siehe „Die wichtigsten Identifikationsverfahren", Seite 46). Anschließend müssen Sie das Formular entweder ausdrucken und unterschrieben auf dem Postweg an die Bank schicken. Oder es besteht die Möglichkeit, das Formular online abzusenden. Einige Tage später erhalten Sie per Post die Zugangsdaten und alle weiteren Unterlagen für Ihr Onlinedepot.

### Die Wahl des ETF

Nutzen Sie die Zeit bis zum Eintreffen der Zugangsdaten, um einen geeigneten ETF für Ihr Depot zu finden. Fragen Sie sich zuerst: „Was ist mein Anlageschwerpunkt und welche Fondsgruppe ist dafür geeignet?" Entscheiden Sie anschließend, wie viel Risiko Sie tragen wollen. Denn als Aktienfonds bergen ETF Kursrisiken: Je höher in Ihrem Portfolio der Aktienanteil im Verhältnis zum Anteil sicherer Zinsanlagen ist, ein umso größeres Risiko gehen Sie ein.

Wer nicht spekulieren möchte, wählt am besten einen (oder mehrere) ETF auf den MSCI World. Er besteht aus Einzelaktien von vielen, größtenteils weltbekannten Firmen, deren Produkte und Dienstleistungen den meisten von uns tagtäglich begegnen. Ob Smartphone, Kaffeemaschine, Handcreme oder Schmerztablette – mit einem Welt-ETF werden Sie zum Nutznießer des wirtschaftlichen

**Einstig in den Produktfinder mit 19 751 Fonds**

**Suchen Sie bestimmte Fonds?**

Einfach Namen oder Kennnummern Ihrer Fonds eingeben. (Mehrfacheingabe möglich.)

Fondsname, ISIN, WKN        Anzeigen

Erfolgs jener Unternehmen, die ihre Größe mitunter Ihrem eigenen Konsumverhalten zu verdanken haben. Zusätzlich setzen Sie auf die globale Ökonomie als Ganzes und nicht auf irgendeinen Trend oder ein spezielles Geschäftsmodell.

**Info**

### Der Fonds-Produktfinder auf test.de:

Im Internet gibt es zahlreiche Vergleichsportale. Allerdings warten nur wenige mit einer vielfältigen und gleichzeitig umfangreichen Datenbank auf. Einfacher geht es mit dem monatlich aktualisierten Produktfinder der Stiftung Warentest: test.de/thema/investmentfonds. Gegen ein geringes Entgelt haben Sie Zugriff auf die Fondsdaten und Bewertungen von insgesamt fast 20 000 Fonds in über 1 000 Fondsgruppen – darunter neben Aktien-, Renten- und Mischfonds auch Fonds mit überprüftem Öko-Anspruch. Sie lassen sich nach verschiedenen Kriterien sortieren. Der Filter beinhaltet eine Auflistung beispielsweise nach Kosten, Rendite, Risikoklasse und/oder Finanztest-Bewertung.

Wählen Sie unter *Alle Testergebnisse* die Kategorie *Alle ETF*, dann stehen Ihnen die Bewertungen von fast 2 000 ETF in über 350 Fondsgruppen zur Verfügung. Mit einem Klick erhalten Sie alle wichtigen Informationen, darunter Stammdaten, Kosten, Wertentwicklung im Zeitverlauf, Risiko-Chance-Verhältnis, Zusammensetzung der Branchen und eine Liste mit den Namen der größten Werte.

### Erstes Log-in und erste Order

Sobald Sie Ihre Zugangsdaten erhalten und einen oder mehrere geeignete ETF gefunden haben, sind Sie bereit für den nächsten Schritt: die Anmeldung.

**1** Betätigen Sie auf der Homepage der gewählten Direktbank den Button *Log in* oder *Anmeldung*.

**2** Geben Sie Ihre *Kontonummer*, das *Passwort* und die *PIN* ein. Die Informationen finden sich in den üblicherweise per Post gesendeten Depot-Unterlagen.

**3** Ersetzen Sie die PIN durch eine *selbst gewählte Geheimnummer*.

Anschließend können Sie Ihre erste Wertpapierorder in Auftrag geben. Wir zeigen Ihnen, wie Sie vorgehen. Als Beispiel dient der Kaufprozess bei der ING:

**1** Wählen Sie unter *Meine Konten* Ihr Direkt-Depot.

**2** Klicken Sie im Reiter der Maske auf *Kaufen*.

**3** Tragen Sie die *ISIN* des gewünschten ETF ein. Es handelt sich um eine zwölfstellige Wertpapierkennnummer, die aus Buchstaben und Zahlen besteht. In unserem Beispiel ist es die ISIN eines ETF auf den MSCI World.

**4** Wählen Sie einen der verfügbaren Handelsplätze. Der gängigste ist der Xetra-Handel der Frankfurter Börse.

**5** Vergleichen Sie vor dem Kauf die Kurse und achten Sie auf den Umsatz des gewünschten Wertpapieres an den unterschiedlichen Börsenplätzen. Als umsatzstärkster Handelsplatz ist Xetra häufig eine gute Wahl.

**6** Geben Sie die Stückzahl der Fondsanteile ein. Beim Börsenkauf können Sie keine Beträge eingeben. Der Preis entspricht – anteilsmäßig – dem für den Fonds aktuell gültigen Börsenkurs. Bei umsatzschwachen

Titeln empfiehlt es sich, ein Limit einzugeben. Liegt das Kauflimit unter dem aktuellen Handelspreis, wird der Kauf erst nach einer Marktkorrektur ausgeführt. Zur Auswahl stehen meist *für diesen Tag*, *für diesen Monat (Ultimo)*, *für dieses Jahr* oder ein beliebiges Datum.

**7** Klicken Sie auf *Übernehmen*, um die Angaben zu speichern.

**8** Überprüfen Sie Ihre Eingabe und den Auftragsgegenwert in der Übersichtsseite.

**9** Geben Sie den Auftrag mit einer gültigen *TAN* frei.

# Broker für Kleinstaktionäre

Seit Kurzem können internetaffine Anleger bei drei jungen Brokern kostenlos oder fast kostenlos mit Wertpapieren handeln. Finanztest untersuchte die Angebote von Gratisbroker, Justtrade und Trade Republic (Finanztest 4/2020). Alle drei Broker wurden über Monate ausprobiert.

Im Zentrum standen unter anderem die Fragen, auf wie viele Wertpapiere und ETF-Sparpläne der Nutzer Zugriff hat, die Höhe der Mindestorder in Euro und welche Zusatzkosten möglich sind.

### Sehr günstig bis kostenlos

Bei niedrigem Kurs kaufen, bei hohem verkaufen. Es scheint, als sei dies ein sicherer Schlüssel zum finanziellen Erfolg. Wären da nur nicht die Ordergebühren. Selten lassen sich die Kosten durch Kursgewinne auch nur ausgleichen.

Bei den etablierten Banken hängt die Höhe dieser Orderkosten vom eingesetzten Kapital ab. In der Filiale verlangen klassische Banken für einen Wertpapierkauf in Höhe von 5 000 Euro etwa 50 Euro. Große Direktbanken wie Comdirect, Consorsbank oder ING verrechnen rund 20 Euro. Andere bieten einen Einheitspreis an, die sogenannte Flatfee. Bei der Onvista Bank beträgt diese beispielsweise inklusive Fremdspesen um die 7 Euro.

Die drei neuen Broker ermöglichen nun den kostenlosen bzw. fast kostenlosen Handel. Gratisbroker und Justtrade verlangen für den Handel mit Wertpapieren tatsächlich gar nichts. Trade Republic leitet nach eigenen Angaben nur Fremdspesen in Höhe von 1 Euro pro Order an seine Kunden weiter.

Als Smartphone-Broker im wahrsten Sinne des Wortes gelten Justtrade und Trade Republic. Per App lassen sie sich auch unterwegs gut nutzen. Auf Gratisbroker kann nur über die Internetseite zugegriffen werden, eine App ist allerdings in Planung.

## Zielgruppe

Geeignet sind Billig-Broker im Grunde nur für Anleger mit Börsenerfahrung. Erwarten Sie also keine Beratung oder den klassischen Service, wie ihn Filialbanken oder etablierte, große Direktbanken bieten.

Stattdessen öffnen keine oder sehr günstige Ordergebühren den Weg, mit geringen Beträgen ein breit gestreutes Depot aus Einzelaktien aufzubauen. Justtrade und Gratisbroker haben als Mindestvolumen 500 Euro angesetzt. Ohne Untergrenze hingegen lässt sich bei Trade Republic ordern.

Doch lohnt sich der Wertpapierhandel nicht nur für Hobby-Trader mit kleinem Budget. Für den normalen Anleger sind vor allem kostenlose ETF-Sparpläne interessant. Derzeit können sie zwar nur bei Trade Republic geordert werden, Justtrade und Gratisbroker stellen sie jedoch bereits in Aussicht.

### Depoteröffnung und Depotwechsel

Die Eröffnung eines Depots ist bei allen drei getesteten Gratis-Brokern nur per Video-Ident-Verfahren möglich (siehe Seite 45: „Die wichtigsten Identifikationsverfahren"). Das Prozedere gleicht jenem für die Eröffnung eines Onlinekontos oder Depots. Halten Sie Ihr Ausweisdokument bereit und lassen Sie sich vom Service-Mitarbeiter durch den gesamten Prozess führen. Personell sind Gratis- bzw. Billig-Broker in der Regel dünn besetzt. Erwarten Sie deshalb nicht denselben Service, wie ihn etablierte Banken zur Verfügung stellen. Probleme sollten besser per E-Mail oder Chat gemeldet werden. Möchten Sie mit Ihrem Depot zu einem Smartphone-Broker wechseln, kommt derzeit nur Trade Republic infrage. Der Übertrag gilt allerdings explizit für die dort handelbaren Fonds und Wertpapiere. Am besten eignen sich die neuen Broker somit für ein Zweitdepot.

### Handelsplätze

Zweifelsohne stellt die Auswahl der Handelsplätze den Schwachpunkt der vorgestellten Gratis-Broker dar – es gibt so gut wie keine. Xetra und ausländische Börsen sind ausgeschlossen. Bei Gratisbroker müssen Sie über Gettex und bei Trade Republic über LS Exchange handeln. Justtrade ermöglicht LS Exchange und Quotrix. Insofern gestaltet sich das Angebot geringer als bei den meisten Direktbanken. Für den Bedarf der meisten Anleger sollte es jedoch ausreichen.

**Info**

**Ein buntes Depot für Kleinstaktionäre:**
Gratis- und Billig-Broker machen es möglich: Wer lieber auf Einzelaktien statt Fonds setzt, kann eine akzeptable Streuung (Diversifikation) schon erreichen, wenn er zum Beispiel 15 000 Euro Anlagekapital auf 20 bis 30 Aktien unterschiedlicher Anbieter verteilt.

## Was die neuen Billig-Broker bieten

Für Extraleistungen wie Hauptversammlungen müssen Anleger zahlen.

| Anbieter | Gratis-Broker | Justtrade | Trade Republic |
|---|---|---|---|
| Internetadresse | gratisbroker.de | justtrade.com | traderepublic.com |
| Marktstart | November 2019 | Oktober 2019 | Januar 2019 |
| Wertpapierhandel (App[1]) | Geplant | Ja | Ja |
| Wertpapierhandel über Browser | Ja | Ja | Nein |
| Depotführende Bank | Baader Bank | Sator Bank | Trade Republic Bank |
| Depotübertrag von einem anderen Institut | Nein | Nein | eingeschränkt[2] |
| Guthabenzins | 0,00 % p. a. | -0,50 % p. a. | 0,00 % p. a. |
| Kosten für Order | 0,00 Euro | 0,00 Euro | 1,00 Euro |
| Mindestgröße Kauf | 500 Euro | 500 Euro | – |
| Angebotene ETF-Sparpläne | – | – | 300[3] |
| Börsliche Handelsplätze | Gettex | LS Exchange Quatrix | LS Exchange |
| Handelszeiten | 8 – 22 Uhr | LS Exchange: 7.30 – 23 Uhr, Quatrix: 8 – 22 Uhr | 7.30 – 23 Uhr[4] |
| Handelbare ETF / gemanagte Fonds | 300 / 2 100 | 1000 / – | 500 / – |
| Handelbare Aktien | 3 600 | 7 300 | 7 300 |
| Handelbare Derivate | 60 000 | ca. 500 000 | 400 000 |
| Limit- und Stoporders | Ja | Nein | Ja |
| Tickets für inländische Hauptversammlungen | 15,00 Euro | 15,00 Euro | 25,00 Euro |
| Eintragung Namensaktien | 0,00 Euro | 1,00 Euro | 2,00 Euro |

[1] Mit Smartphone / Tablet; [2] Nur bei der Trade Republic handelbare Wertpapiere können übertragen werden; [3] Ausführung ist kostenlos; [4] Gilt für Aktien und ETF, Derivatehandel von 8 bis 22 Uhr. Stand: 24. Februar 2020, Quelle: Anbieterangaben

Zumindest während der Xetra-Öffnungszeit (9 bis 17.30 Uhr) ergeben sich auch durch die Handelsspanne beim Kauf und Verkauf, den sogenannten Spreads (siehe Seite 160), keine Nachteile. Desgleichen konnten die Experten von Finanztest keine nennenswerten Aufschläge gegenüber dem Xetra-Handel der Deutschen Börse feststellen. Aufgrund des geringen Angebots an Handelsplätzen kann es allerdings bei wenig gehandelten In- und Auslandsaktien vereinzelt höhere Spreads geben.

# Das Pantoffel-Portfolio in Kürze

Sie sind voll eingerichtet und bereit – und suchen zum Abschluss eine bequeme Anlagestrategie zum Nachbauen? Das Pantoffel-Portfolio von Finanztest ist einfach umzusetzen und erfordert keine besonderen Börsenkenntnisse. Detaillierte Informationen finden Sie unter test.de/pantoffelmethode, empfehlenswerte ETF hält der Produktfinder für Sie bereit (test.de/fonds).

Sie brauchen als Sicherheitsbaustein nur ein Tages- und eventuell ein Festgeldkonto oder auch einen Renten-ETF, der beispielsweise einen Index aus Staatsanleihen abbildet, sowie ein Wertpapierdepot als Renditebaustein.

Das Depot bestücken Sie mit Aktien-ETF, wozu sich besonders solche auf den Welt-Aktienindex MSCI World eignen. Einmal ausgewählt, können Sie diese dauerhaft behalten.

### Risikoeinschätzung

Stets gilt zu beachten, dass Aktien – und somit auch Indexfonds – natürlich den Schwankungen der Börse unterliegen. Je höher der

Aktienanteil, desto riskanter gestaltet sich Ihr Portfolio. Entsprechend Ihrer Risikobereitschaft wählen Sie daher eine der drei folgenden Varianten:

▶ **Defensiv:** 25 Prozent Aktien-ETF, 75 Prozent Zinsanlagen
▶ **Ausgewogen:** 50 Prozent Aktien-ETF, 50 Prozent Zinsanlagen
▶ **Offensiv:** 75 Prozent Aktien-ETF, 25 Prozent Zinsanlagen

### Anpassungen

Es empfiehlt sich, die Gewichtung von Sicherheits- und Renditebaustein einmal pro Jahr oder nach turbulenten Börsenphasen zu überprüfen. Aufgrund der oft unterschiedlichen Entwicklung der Aktien- und Zinsmärkte ist zur Wiederherstellung der ursprünglichen Mischung eventuell eine Umschichtung notwendig. Im Falle eines zu hohen Aktienanteils, verkaufen Sie Fondsanteile und kaufen mit dem Erlös Zinsanlagen. Ist er zu niedrig, kaufen Sie Anteile mit Geld vom Tagesgeldkonto nach.

Handlungsbedarf besteht jedoch erst, wenn die Abweichung mehr als 20 Prozent beträgt. Bei einem ausgewogenen Portfolio wäre dies zum Beispiel ein Aktien-ETF-Anteil von 60 statt 50 Prozent.

Beim Umschichten hilft der Rechner der Stiftung Warentest (siehe test.de/pantoffelrechner).

### Drei Varianten

Einrichten lässt sich das Pantoffel-Portfolio schließlich als:

▶ **Einmalanlage,** wenn Ihnen ein größerer Betrag zur Verfügung steht, weil zum Beispiel Ihre Lebensversicherung ausgezahlt wurde, Sie eine Erbschaft erhielten oder sich im Laufe der Zeit eine höhere Summe angesammelt hat.

▶ **Sparplan,** wenn Sie monatlich einen bestimmten Betrag zurücklegen möchten, etwa für die Ausbildung Ihres Kindes, eine Reise oder als Altersvorsorge.

▶ **Auszahlplan,** wenn Sie Ihrem Depot regelmäßig Geld entnehmen möchten, beispielsweise um Ihre Rente aufzubessern.

# Hilfe ▷ Stichwortverzeichnis

**Die Stiftung Warentest** wurde 1964 auf Beschluss des Deutschen Bundestages gegründet, um dem Verbraucher durch vergleichende Tests von Waren und Dienstleistungen eine unabhängige und objektive Unterstützung zu bieten.

**Wir kaufen –** anonym im Handel, nehmen Dienstleistungen verdeckt in Anspruch.

**Wir testen –** mit wissenschaftlichen Methoden in unabhängigen Instituten nach unseren Vorgaben.

**Wir bewerten –** von sehr gut bis mangelhaft, ausschließlich auf Basis der objektivierten Untersuchungsergebnisse.

**Wir veröffentlichen –** anzeigenfrei in unseren Büchern, den Zeitschriften test und Finanztest und im Internet unter www.test.de

**Die Autorin:** Dr. Dr. Susanna Berndt war Textchefin eines deutschen Finanzmagazins und arbeitet heute freiberuflich als Wirtschafts- und Wissenschaftsjournalistin.
Im Ratgeberprogramm der Stiftung Warentest ist von ihr bereits der Ratgeber „Fintechs. Digital Geld anlegen" erschienen.

**© 2020 Stiftung Warentest, Berlin**

Stiftung Warentest
Lützowplatz 11–13
10785 Berlin
Telefon 0 30/26 31–0
Fax 0 30/26 31–25 25
www.test.de
email@stiftung-warentest.de

USt-IdNr.: DE136725570

**Vorstand:** Hubertus Primus
**Weitere Mitglieder der Geschäftsleitung:**
Dr. Holger Brackemann, Julia Bönisch,
Daniel Gläser

**Programmleitung:** Niclas Dewitz

**Autorin:** Susanna Berndt
**Projektleitung:** Johannes Tretau

**Lektorat:** Magnus Enxing, Münster
**Korrektorat:** Nicole Woratz, Berlin
**Fachliche Unterstützung:** Uwe Döhler, Stefan Fischer, Simeon Gentscheff, Heike Nicodemus, Michael Sittig, Stephanie Pallasch
**Titelentwurf, Layout:** Sylvia Heisler
**Grafik, Satz:** Annett, Hansen, Berlin
**Screenshots:** Susanna Berndt
**Infografiken:** Annett Hansen, Berlin (S. 87), Florian Brendel, Berlin (S. 144), Finanztest/ René Reichelt (S. 149)
**Produktion:** Vera Göring
**Verlagsherstellung:** Rita Brosius (Ltg.), Romy Alig, Susanne Beeh
**Litho:** tiff.any, Berlin
**Druck:** Rasch Druckerei und Verlag GmbH & Co. KG, Bramsche

**ISBN: 978-3-7471-0220-6**

Wir haben für dieses Buch 100 % Recyclingpapier und mineralölfreie Druckfarben verwendet. Stiftung Warentest druckt ausschließlich in Deutschland, weil hier hohe Umweltstandards gelten und kurze Transportwege für geringe $CO_2$-Emissionen sorgen. Auch die Weiterverarbeitung erfolgt ausschließlich in Deutschland.